ENSEÑANDO *CON* UNCIÓN

Colaborando con el Espíritu Santo

Robert W. Pazmiño
Octavio J. Esqueda

PUBLICACIONES
KERIGMA
Ἐν ἀρχῇ ἦν ὁ Λόγος

© 2019 Publicaciones Kerigma
Salem Oregón, Estados Unidos
http://www.publicacioneskerigma.org

Diseño de Portada: Publicaciones Kerigma

2019 Publicaciones Kerigma
Salem Oregón

Pedidos: 971 304-1735

www.publicacioneskerigma.org

ISBN:978-1-948578-24-0

Impreso en Estados Unidos

Printed in United States

"Una excelente discusión del tema que nos ayuda por una parte a entender mejor la tarea educativa de la iglesia y por otra a entender la presencia y obra del Espíritu Santo en esa tarea. En ese encuentro entre la pneumatología y la educación, con fuerte anclaje bíblico, ambas se amplían y fortalecen."

Dr. Justo L. González
Historiador, educador y prolífico escritor teológico

"Descubre el Espíritu Santo y su obra de nuevas maneras a medida que lees estas páginas. Los autores incluyen nuevas perspectivas y dimensiones del Espíritu Santo en relación con la educación cristiana que refrescan e inspiran nuestro trabajo y nuestros compromisos como educadores de la iglesia. La integración de lo bíblico / teológico con la práctica y la teoría de la educación cristiana no se encuentra en otras fuentes como las que encontrará aquí. La lectura es accesible para los académicos, así como para los maestros laicos, mientras que la accesibilidad no ha sustituido la profundidad del pensamiento."

Dra. Elizabeth Conde-Frazier
Coordinadora de Relaciones de Instituciones Teológicas, Asociación para la Educación Teológica

"¡Una enseñanza ungida produce resultados claros, profundos y transformadores! Robert Pazmiño y Octavio Esqueda nos llaman a colaborar con el Espíritu Santo para que nuestra enseñanza produzca liberación, celebración y sustento y los frutos del Espíritu. Utilizan las Escrituras y el pensamiento de pedagogos y agentes de cambio para demonstrar que nuestra tarea como maestros es enfocar en el impacto transformador que el Espíritu Santo busca producir en los humanos. La invitación de este libro es de unir una pedagogía actualizada con el poder del Espíritu Santo para ser parte de lo que Dios está haciendo por su Espíritu en individuos y en la sociedad. Nos urge esta visión transformadora de la tarea educativa. Gracias a los autores por presentarla."

Dr. Juan Martínez
Profesor de estudios hispanos y de liderazgo pastoral del Fuller Theological Seminary

"Para muchos educadores, "pneumatología" y "pedagogía" no son las palabras comunes que se usan para describir una educación que es cristiana. Pero Jesús prometió que el maestro de sus seguidores sería el Espíritu Santo. Al reconocer el lugar tan descuidado que tiene el Espíritu en los esfuerzos educativos en la mayoría de las tradiciones cristianas, Robert W. Pazmiño y Octavio J. Esqueda exploran la educación guiada por el Espíritu en su libro *Enseñando con unción: cooperando con el Espíritu Santo*. Estos reconocidos expertos aprovechan su vasta experiencia internacional y una vasta gama de recursos—geográficos, históricos e incluyentes de las ramas principales del cristianismo—para ayudar a que los maestros hagan suya y transmitan una fe llena del Espíritu Santo. Altamente recomendado."

Dra. Sandra Glahn
Profesora del Dallas Theological Seminary y autora de más de 25 libros

"Me encanta cuando sale publicado otro buen libro que motiva nuestro entender sobre los fundamentos del ministerio educativo fiel y efectivo de la iglesia. *Enseñando con unción: colaborando con el Espíritu Santo* es un libro que se recibe con gusto y trata acerca de lo que significa enseñar y predicar la Biblia con el Espíritu Santo en maneras que Dios puede usar para formar a su pueblo en sus vidas espirituales en privado y en las expresiones públicas de su vida de fe. Pazmiño y Esqueda nos han ofrecido una cuidadosa reflexión acerca de lo que es la enseñanza con el Espíritu de acuerdo con los temas que ellos ven emerge de nuestro bautismo como seguidores de Cristo ("liberación"), nuestra participación al recibir la Cena del Señor ("celebración") y la venida del Espíritu Santo en Pentecostés ("sustento"). De la misma manera que las obras anteriores de Pazmiño que exploraron el ministerio de enseñanza de la iglesia a la luz de la enseñanza del Padre en y por nosotros (*God Our Teacher: Theological Basics in Christian Education*) y el ejemplo del ministerio de enseñanza de Jesús (*So What Makes Our Teaching Christian? Teaching in the Name, Spirit and Power of Jesus*), este libro acerca del constante ministerio de enseñanza del Espíritu Santo nos invita a considerar cuidadosamente lo que significa cooperar con Dios en una enseñanza que promueve transformación tanto dentro como fuera. Me encanta ser retado por buenos amigos y este libro me da mucho para considerar mientras continúo tratando de ser fiel en mis ministerios de enseñanza."

Dr. Kevin E. Lawson
Profesor de Estudios Educativos en el Talbot School of Theology, Biola University y Editor del Christian Education Journal

"Enseñando con unción aborda el trabajo de cooperación del maestro, informado con lo mejor de las ciencias sociales, que depende el poder liberador de la tercera persona del dios Trino—el Espíritu Santo. El libro de Pazmiño y Esqueda enfatiza a la revelación y poder del Espíritu Santo para transformar a las personas en discípulos cada vez más parecidos a Cristo a través de la enseñanza fiel."

Dr. Mark A. Maddix, Dean
School of Theology & Christian Ministry
Point Loma Nazarene University

"Éste no es un manual para la enseñanza, sino un libro con una visión audaz de que la enseñanza cristiana es una vocación, un llamado, habilitada por el Espíritu de Dios, encarna los dones del Espíritu y genera el fruto transformador y vivificante del Espíritu. La enseñanza requiere de una pneumatología profética y participativa, cuya misión es impactar todas las dimensiones de la existencia individual, comunitaria y social. ¡La enseñanza es un privilegio profundo y una responsabilidad! Este volumen explica por qué. "

Dr. M. Daniel Carroll R. (Rodas)
Blanchard Professor of Old Testament Wheaton College and Graduate School

CONTENIDO

Para nuestros estudiantes,

pasados, presentes y futuros

y

Para nuestras esposas, Wanda y Angélica,

compañeras en la vida y ministerio

Introducción

Este trabajo completa una trilogía teológica que explora los elementos esenciales de la enseñanza cristiana. El primer volumen, *Dios nuestro maestro: fundamentos teológicos en la educación cristiana* anima a los maestros cristianos a que sean teocéntricos en sus ministerios, valorando su relación con un Dios que está a favor nuestro, obra a pesar de nosotros, nos acompaña y trasciende nuestra vida y ministerio. El segundo volumen titulado, *¿Qué hace que nuestra enseñanza sea cristiana? La enseñanza en el nombre, espíritu y poder de Jesús*, les exhorta a que sean Cristo-céntricos en sus ministerios como seguidores, discípulos y amigos de Jesús, siendo sus representantes y conformándose a su mente y su ejemplo.

Este tercer volumen, *Enseñando con unción: colaborando con el Espíritu Santo* anima a los maestros cristianos a que den prioridad al Espíritu Santo, colaborando con él en sus ministerios por medio de los frutos de la liberación (salvación), la celebración (adoración) y el sustento (crecimiento y edificación) frente a un mundo que está desesperado por una verdadera transformación y vida espiritual. Mientras que, los dos primeros volúmenes de esta trilogía teológica fueron escritos por un autor, este tercer volumen ha sido una colaboración que destaca el ministerio ungido del Espíritu Santo y sigue el patrón de Jesús de enviar a sus discípulos de dos en dos.

¿Cómo pueden los maestros cristianos ser teocéntricos, Cristo-céntrico y *pneumato-céntrico* todo al mismo tiempo como maestros cristianos? En una época en donde se hacen muchas cosas a la vez es posible; pero, de hecho, Ireneo, uno de los padres de la Iglesia del siglo II, escribió sobre cómo afrontar este reto en el tercer milenio. En su estudio de la Trinidad, sugiere que Dios tiene dos manos operantes en sus ministerios en la creación. Esas dos manos son el Verbo o Cristo y el Espíritu. Reconociendo los límites del pensamiento antropológico, nuestro Dios trino se revela como siempre trabajando en colaboración con Dios Hijo y Dios Espíritu Santo en la creación, la redención y la consumación. De manera similar, como maestros cristianos, estamos llamados a trabajar siempre en colaboración con el Espíritu Santo para que produzca los frutos reales de la liberación, la celebración y el sustento en la enseñanza de hoy.

La asociación con el Espíritu Santo siempre requiere diversas formas de asociación con colegas en el ministerio. Mientras asistía a una conferencia académica de la Sociedad de Profesores de Educación Cristiana (SPCE por sus siglas en inglés y que antes se conocía como NAPCE) en Dallas, Texas, en octubre del 2012, Octavio Javier Esqueda de la Facultad de Teología de Talbot, y Steve Kang en aquel entonces en el Seminario Teológico Gordon-Conwell, se me acercaron, junto con Robert (Bob) Pazmiño, para indagar si era posible que colaboráramos en un trabajo dado a que hemos sido colegas por muchos años. Bob compartió con ellos una copia de la propuesta del libro titulado *Enseñando con unción* y ambos se mostraron interesados en colaborar en este trabajo. Steve, debido a circunstancias en su familia, no pudo comprometerse con el proyecto, pero Octavio y Bob formaron la asociación profesional que ha dado fruto a este trabajo. ¡Las asociaciones se desarrollan de manera asombrosa en los ministerios cristianos!

Jesús fue sabio en enviar a sus discípulos de dos en dos y este libro honra la dirección del Espíritu Santo sobre esta obra y, también, a la gran cantidad de personas que lo hicieron posible.

Este libro tiene tres objetivos generales:

1. Explorar los elementos bíblicos y teológicos distintivos de la doctrina cristiana en relación con la persona y la obra del Espíritu Santo.
2. Reafirmar la importancia de la enseñanza y las bendiciones divinas de la liberación, la celebración y el sustento para guiar a los ministerios de enseñanza en una variedad de entornos en todo el mundo.
3. Inspirar a los cristianos en relación con su vocación para enseñar con los frutos esperados.

Casualmente, los dos autores de este trabajo comparten raíces hispanas y diferencias generacionales. Octavio es un académico de primera generación en los Estados Unidos de raíces mexicanas. Bob es un académico de tercera generación de raíces de Ecuador por el lado de su padre. Por lo tanto, este trabajo también, reconoce implícitamente que el ministerio del Espíritu Santo tiene como fin el bendecir a todas las generaciones con una *enseñanza ungida*, de manera que se produzcan los frutos de la liberación, la celebración y el sustento.

CAPÍTULO 1

Fundamentos teológicos

Robert W. Pazmiño
Octavio J. Esqueda

Al explorar la persona y el ministerio del Espíritu Santo en la enseñanza y el aprendizaje cristianos, valoramos el testimonio bíblico que afirma la presencia del Espíritu en toda la vida. Los cristianos han enfatizado, con razón, el papel clave de la redención en Jesucristo para sus seguidores; no obstante, recordamos que la obra del Espíritu va desde la creación antes de la redención hasta los planes de Dios para la consumación del fin de los tiempos. Este capítulo se enfoca en el ministerio del Espíritu entre la creación y la consumación, de manera que entendamos cómo colaboramos con él en nuestra vida desde el principio hasta el final.

Creación

Desde los inicios de los relatos de la creación, el Espíritu de Dios es descrito como un fuerte viento moviéndose sobre la faz de las aguas (Gn 1: 3). Luz y oscuridad emergen del caos junto con la mañana y la tarde del primer día. La presencia del Espíritu es evidente en el discernimiento de las diferencias y el llamado al orden y la vida. Génesis capítulo 1, versículo 26 describe la creación de la humanidad: "Hagamos al hombre a nuestra imagen, conforme a nuestra semejanza". Parte de la semejanza humana con Dios, como los cristianos afirman, implica la obra de la Trinidad (Padre, Hijo y Espíritu) con la declaración de "hagamos" y "a nuestra imagen, conforme a nuestra semejanza" en el texto, e incluye una dimensión espiritual que permite que el espíritu humano comulgue con el Espíritu de Dios, el Espíritu Santo. Génesis capítulo 2, versículo 7 narra otro aspecto de la creación del ser humano: "Entonces Jehová Dios formó al hombre del polvo de la tierra, y sopló en su nariz aliento de vida, y fue el hombre un ser viviente". La presencia del Espíritu como *ruah*, el aliento mismo de la vida, permite que los seres humanos escojan si honrarán a su Creador o se enfoquen en la creación sin que su existencia gire en torno a su relación con Dios.

Los maestros cristianos se enfrentan con una *pneumatología* práctica que honra su colaboración con el Espíritu para la plena realización de la vida y refleja la imagen y semejanza de Dios en sus ministerios. Una pneumatología práctica opera en nuestra comprensión del Espíritu de Dios, el Espíritu Santo en nuestras vidas, ministerios y enseñanza. Esta relación se mantiene con una pneumatología práctica y comprensión de la persona y la obra del Espíritu Santo, junto con sus implicaciones para la enseñanza y el aprendizaje.

Si bien cada capítulo de este trabajo explora los fundamentos teológicos y sus implicaciones, aquí se propone de manera más directa una pneumatología práctica. Este capítulo analiza cómo el legado del Espíritu se muestra en los ministerios de los seguidores de Jesús, en particular, de enseñanza y aprendizaje durante la vida. Hay dos preguntas que surgen en relación con este capítulo: ¿Cómo se involucra el Espíritu en los ministerios de enseñanza en el testimonio bíblico (el Espíritu Santo como maestro)? En segundo lugar, ¿cuáles de estas cosas son posibles hoy en los ministerios de enseñanza que son guiados, capacitados y llenos del Espíritu Santo (nuestra participación en sus ministerios de enseñanza con nuestros dones)?

En cuanto a las tres partes de este trabajo, proponemos una categoría teológica que fomenta y desarrolla la consideración del ministerio cristiano de la enseñanza. En primer lugar, en cuanto a la enseñanza llena del Espíritu, la liberación se enfoca principalmente en la afirmación de un sentido de identidad bautismal. La identidad bautismal se refiere a la salvación y a la libertad cristiana de la manera en que Dios quiso desde el primer respiro de Adán y Eva. La identidad cristiana está fundada en nuestra adopción como hijos e hijas de Dios y en el llamado de Jesús, simbolizado a través del bautismo y la liberación de todos los aspectos de la vida. En segundo lugar, en cuanto a la enseñanza en el Espíritu, se destaca la celebración de las virtudes cristianas en la afirmación de una identidad eucarística o de adoración y la comunión de la mesa que maestros y estudiantes comparten por igual. Las virtudes que configuran el carácter cristiano requieren una colaboración diaria con el Espíritu para que guíen nuestra vida, nuestro amor e incluso nuestra muerte. La enseñanza pudiera definirse como una demostración de la manera en que se debe vivir, amar y morir en colaboración con el Espíritu Santo.[1]

[1] Véase Gabriel Morán, *Showing How: The Act of Teaching* (Demostración: el arte de la enseñanza) (Valley Forge, PA: Trinity, 1997), 39 quien sugiere: «Enseñar es demostrar cómo se vive y se muere». Creemos que añadir «amar» es crucial en la fe cristiana.

En tercer lugar, con el sustento de nuestra enseñanza, nuestra identidad después de Pentecostés y nuestro llamado sirven de modelo para que los maestros cristianos renueven y transformen sus ministerios y las vidas de sus estudiantes y comunidades. Por lo tanto, los tres frutos espirituales de la enseñanza ungida son la liberación o salvación, la celebración o adoración y el sustento o crecimiento y edificación. Por lo tanto, el Bautismo, la Eucaristía o Acción de Gracias y la Identidad Pentecostal de los cristianos, las cuales fueron posible en Jesucristo, ofrecen tres de los fundamentos de la enseñanza en colaboración con el Espíritu Santo. Estos dan un sentido de llamado, un modelo de servicio y el acogimiento de la liberación que Jesús modeló en la inauguración de su ministerio de enseñanza (Lc 4: 16-30) y que incluyó paradójicamente el rechazo de Nazaret, su ciudad natal.

En su primera enseñanza pública durante el lanzamiento de su ministerio en Galilea se hace notar: "Y Jesús volvió en el poder del Espíritu a Galilea, y se difundió su fama por toda la tierra de alrededor. Y enseñaba en las sinagogas de ellos, y era glorificado por todos" (Lc 4: 14-15). En su ciudad natal de Nazaret, un día sábado en la sinagoga leyó Isaías, capítulo 61, versículos del 1 al 2:

> El Espíritu del Señor está sobre mí, Por cuanto me ha ungido para dar buenas nuevas a los pobres; me ha enviado a sanar a los quebrantados de corazón; a pregonar libertad a los cautivos, y vista a los ciegos; a poner en libertad a los oprimidos; a predicar el año agradable del Señor (Lc 4: 18-19).

Isaías describe las buenas nuevas de salvación para la humanidad. Jesús, el Ungido, comienza su ministerio con el tema de la liberación. No fue bien recibido por sus conocidos. Se ofendieron al punto de enfurecerse y querer matarlo. Lucas ubica la primera enseñanza pública y ungida de Jesús luego de los relatos de su bautismo y tentación en el desierto. Esto trajo oposición de distintas maneras a pesar de que su mensaje claramente era buenas noticias.

Llamado bautismal: liberación

El bautizarse como seguidor de Jesucristo implica ser bautizado con el Espíritu Santo y fuego, como lo describió Juan el Bautista (Mt 3:11). Este estaba comparándolo con su propio ministerio de bautismos con agua. Jesús fue bautizado con agua y Espíritu Santo, el cual descendió en forma de paloma (Mt 3: 13-17). Con un bautismo de este mismo tipo, los maestros cristianos hacen suyos el papel del Espíritu en la enseñanza y la liberación que ofrece Jesucristo. El ser bautizado en el nombre de Jesús y seguir su ejemplo requiere una identificación con la salvación que Dios ofrece para el pasado, presente y futuro de nuestras vidas. El "fuego" de la enseñanza, siguiendo el ejemplo de Jesús, podemos relacionarlos con los puntos de vista de Agustín de Hipona en el norte de África, quien sugiriere que "un espíritu de amor enciende el fuego en otro".[2]

El enseñar en el espíritu de Jesús requiere compasión, servicio, relacionado con el ethos esencial de su enseñanza, descrita en el relato de Lucas. Este ethos, que se refiere al tono o la calidad de su enseñanza, modela una dependencia de Dios en respuesta a la necesidad humana, guiada por el amor a la humanidad y su plena liberación. El amor de Jesús resultó en el derramamiento de su sangre y la entrega de su cuerpo sobre la cruz. Esta compasión es recordada en la continuidad de la celebración de la santa cena dentro de la comunidad cristiana. El enseñar en el Espíritu de Jesús nos llama a que recibamos, aprendamos, compartamos y adoremos con otros para que alcancen su liberación. ¿Qué se entiende por *liberación*? Es la salvación completa que Dios quiere para la humanidad y la creación. Ello abarca toda la vida personal, comunitaria y global y a su vez está asociada con la palabra hebrea *Shalom*, que se refiere tanto la justicia como a la paz.

La promesa y eficacia de la crucifixión se completan en la resurrección de Jesús. La resurrección se desprende de la crucifixión. No puede separarse de la realidad de la cruz ni del amor de Dios a través de la vida y muerte de Jesús. La cruz y la crucifixión de Jesús son un ejemplo claro de la medida del amor que sus seguidores deben tener en cuenta en sus ministerios de enseñanza. El bautismo de los creyentes es identificado con la muerte y resurrección de Jesucristo. Hebreos describe esta realidad: "puestos los ojos en Jesús, el autor y consumador de la fe, el cual por el gozo puesto delante de él sufrió la cruz, menospreciando el oprobio, y se sentó a la diestra del trono de Dios" (12: 2). A la entrada de mi casa está colgada una placa que muestra una cruz grabada con la palabra "gozo". El gozo puesto delante de Jesús se expresa en su resurrección que posibilita nuestra liberación. La liberación es uno de los primeros frutos de la enseñanza con unción en el siglo XXI, tal como lo fue en el ministerio de Jesús del siglo I.

Llamado eucarístico: celebración

Mediante la enseñanza en el Espíritu de Jesús, los cristianos representan a su Señor y Salvador, nutriéndose de una fraternidad o *koinonía* que conmemora su vida, muerte y resurrección. El patrón de

---

[2] Agustín de Hipona, *Confesiones*, Libro IV, capítulo 14, párrafo 21.

esta comunión se repite en el Evangelio de Lucas en el camino de Emaús (Lc 24: 13-35). El primer milagro ocurrido en las bodas de Caná establece el patrón de la crucifixión y se renueva en la comida compartida en el camino, mientras se espera el cumplimiento de las bodas del Cordero (Ap 19: 1-10). Los cristianos lo recrean cada vez que celebran la Santa Cena. Proponemos que lo mismo sucede cada vez que los maestros cristianos comparten los frutos del aprendizaje con otros en el Espíritu y el nombre de Jesús. Esto sugiere que la enseñanza y el aprendizaje en sí mismos son actos sacramentales en el sentido de que median la gracia de Dios a la humanidad. Este es el fruto de la celebración en la enseñanza con unción. Los cristianos llevan el nombre de Cristo y adoptan las virtudes y los valores de su ministerio de enseñanza y vida. Estos deben ser encarnados en su propia práctica docente por la obra del Espíritu Santo, quien trabaja en colaboración con los espíritus humanos. Hay que celebrarlas por la obra del Espíritu Santo con una libertad que permita que la gente experimente la verdad, el amor, la fe, la esperanza y la alegría. Esta celebración honra los dones del Espíritu dados para uso y deleite de los seres humanos.

La celebración de las virtudes cristianas

Dios muestra su gracia en Jesús a través de las virtudes cristianas de la fe, la esperanza, el amor, la verdad y el gozo. Los maestros cristianos están llamados a encarnar estas cinco virtudes en sus ministerios de enseñanza para que sean fieles a su identidad como seguidores de Jesús y que los dones del Espíritu potencien sus ministerios. Al asumir el nombre de Jesús, seguirlo como discípulos y recibir al Espíritu, se esfuerzan por encarnar las virtudes del carácter esencial de Jesús. Los maestros cristianos, dadas sus limitaciones y pecados, no ejemplifican totalmente a Jesús en sus ministerios individuales, pero tienen el potencial en sus expresiones corporativas (dentro de la iglesia) de ser identificados como el Cuerpo de Cristo e hijos de Dios (hijos e hijas) y casa del Espíritu.

Como morada del Espíritu, los cristianos, a través de los diversos ministerios de enseñanza, históricamente y mundialmente glorifican y honran el nombre de Jesús en su vocación eucarística. También, pueden deshonrarlo y contristar al Espíritu Santo en sus esfuerzos.

Cuando su enseñanza representa a Jesús y el Espíritu, tienen la oportunidad de reconocer las prácticas que no encarnan las virtudes cristianas. Tanto las prácticas personales como corporativas, así como la estructura eclesial, pueden deshonrar el nombre de Jesús, en detrimento de los ideales de su ministerio. Los representantes de estas estructuras y asociaciones deben identificar estas limitaciones y confesar su pecado para que sean más fieles en el presente y futuro. Este reconocimiento de la necesidad de cambio y transformación también es parte de la tradición profética de la enseñanza de Jesús. Para cumplir con los propósitos de Dios en la enseñanza, el aprendizaje y la vida, la confianza en el Espíritu Santo es esencial.

Los maestros cristianos deben representar la vida y el Espíritu de Jesús en su comportamiento y enseñanza. Este llamado es un sublime llamado para los cristianos y merece diligencia y disposición. Es un llamado a permanecer en Cristo al igual que él mora, mediante el Espíritu, en la vida de los creyentes. Esta realidad cumple su oración en Juan capítulo 17, versículos del 20 al 23:

> Mas no ruego solamente por éstos, sino también por los que han de creer en mí por la palabra de ellos, para que todos sean uno; como tú, oh Padre, en mí, y yo en ti, que también ellos sean uno en nosotros; para que el mundo crea que tú me enviaste. La gloria que me diste, yo les he dado, para que sean uno, así como nosotros somos uno. Yo en ellos, y tú en mí, para que sean perfectos en unidad, para que el mundo conozca que tú me enviaste, y que los has amado a ellos como también a mí me has amado.

Esta paradoja es sorprendente y gloriosa porque Jesús se hace presente a través de los fieles ministerios de enseñanza de sus discípulos. En este proceso, los maestros cristianos reconocen las lagunas, disfunciones y discrepancias en sus propias vidas y ministerios. Sin embargo, dependen del Espíritu de Jesucristo para corregirlas y superarlas (conocidas teológicamente como pecados) con el fin de ser representantes del Espíritu vivo de Cristo. Es esencial la confianza en la Palabra y el Espíritu.

Los maestros cristianos que buscan la llenura del Espíritu dependen de que Dios obre a través de ellos por el Espíritu para que cumplan sus propósitos divinos. Esta obra divina abraza las paradojas de la vida y la muerte, al igual que los esfuerzos divinos y humanos, con sus raíces en la encarnación.

Los maestros cristianos tienen acceso a todo lo que el trino Dios quiere para la humanidad. Esto incluye a Dios como el educador de la creación, Jesús como el ejemplo de la práctica docente y al Espíritu Santo como compañero siempre presente en su vocación. Esta accesibilidad se desprende de una apreciación más completa de lo que Dios ha realizado en la encarnación de Jesús y la venida del Espíritu Santo. Esta vida compartida capta la esencia de comunidad prefigurada por la visita de los tres seres a Abraham (Gn 18: 1-15). Este pasaje relata un encuentro extraordinario con los mensajeros de Dios y tal vez incluso con Dios mismo. Abraham y Sara se apresuran a preparar una comida para estos tres invitados inesperados. Al igual que ellos, los maestros cristianos están llamados a servir un banquete por medio de su enseñanza. La enseñanza con unción es como la preparación artística de una mesa que invita a todos a participar y que da como resultado una gozosa celebración.[3] También, puede resultar en un lamento con la divulgación del sufrimiento y la desesperación. En la mesa, junto con Abraham y Sara, nos preguntamos, "¿Hay algo imposible para Dios?" En la mesa, se promueve la respuesta que nos maravilla y asombra.

Los maestros dependen de la obra y gracia del Espíritu de Dios que paradójicamente obra en ellos y a pesar de ellos.[4] Firmes en la tradición de Jesús, lo siguen como sus discípulos, honrando su modelo y enseñanza. Si Jesús es eficaz como ejemplo, como he (Bob) propuesto en escritos anteriores, los maestros cristianos deben cultivar aquellas virtudes que sean más coherentes con sus prácticas de enseñanza. He identificado cinco virtudes cristianas para la enseñanza: el amor, la fe, la esperanza, el gozo y la verdad. Durante una presentación de este tema, Roger White amablemente propuso la virtud adicional de la humildad.[5] El estar a la mesa con Jesús y el Espíritu Santo como socio, exige humildad ante la enormidad de la tarea y la rica variedad de alimento espiritual.

La humildad

La humildad sirve para identificar las virtudes que hemos acogido y la manera en que las compartimos con otros. La humildad implica que los maestros cristianos en realidad han encarnado las virtudes de Cristo de manera implícita. Aprendemos de la manera en que preparan la mesa, la comida y cómo reciben a los invitados. La humildad es la actitud de manos y corazones abiertos en relación con las virtudes que son dones de Dios. Los cristianos tienen estas virtudes en las vasijas de barro de sus cuerpos (2 Co 4: 1-15, véase v. 7). Los maestros pueden celebrar la expresión de las virtudes cristianas de la vida y el ministerio de Jesús, sin colocarse a sí mismos como modelos de virtud. La humildad les recuerda

---

[3] Robert w. Pazmiño, *Basics of Teaching for Christians: Preparation, Instruction and Evaluation* (Grand Rapids: Baker Books, 1998), 11-12.

[4] Para más información sobre cómo Dios obra en los maestros cristianos y a pesar de ellos vea Robert W. Pazmiño, *God Our Teacher: Theological Basics in Christian Education* (Grand Rapids: Baker Academic, 2001), los capítulos 2, 4 y 5. El capítulo 3 de este libro explora el tema de Dios con nosotros en la persona y obra de Jesús quien es nuestro ejemplo en la enseñanza cristiana.

[5] Roger White de la Escuela de Teología Haggard, Azusa Pacific University compartió esta idea durante un simposio sobre este libro en la Facultad de Teología Talbot en enero del 2005.

de los peligros de la arrogancia y la altivez en la enseñanza. La humildad puede ser explorada en relación con el orgullo. El compartir la mesa exige los modales de reconocer la fuente de todos los dones y bendiciones físicas y espirituales. El falso orgullo se preocupa por ser mejor que los demás, mientras que el orgullo genuino considera sus dones y trabaja en relación con el llamado particular de Dios para su vida.[6]

La humildad genuina afirma nuestra identidad fue creada por Dios, mientras que la falsa humildad distorsiona nuestra identidad ya sea exagerándola o restándole importancia. El orgullo genuino y la humildad de los cristianos afirma su identidad como hijos de Dios, discípulos de Jesús y compañeros del Espíritu Santo en su ministerio de enseñanza. Pablo así lo sugiere en el capítulo 12, versículo 3 de Romanos: "Digo, pues, por la gracia que me es dada, a cada cual que está entre vosotros, que no tenga más alto concepto de sí que el que debe tener, sino que piense de sí con cordura, conforme a la medida de fe que Dios repartió a cada uno". Un consejo adicional sería no creerse el más humilde. El orgullo genuino y la humildad conducen al auto-cuidado y auto-afirmación y no se deterioran ni se convierten en un auto-odio o en un amor propio a expensas de Dios y otros, ya que esto no respondería a los dos grandes mandamientos de Jesús, de amar a Dios y al prójimo como a nosotros mismos.

La admisión y la confesión son parte de la humildad y nos permiten identificarla como una postura necesaria para la exploración de las virtudes cristianas. Como cristianos, admitimos nuestras faltas y confesamos nuestros pecados ante un Dios que ama y perdona. Esto no implica recurrir apresuradamente a la gracia, sino que nos lleva a una evaluación sobria de lo que esperamos que otros imiten de nuestra vida. También, reconocemos que nuestros dones y los frutos de nuestro ministerio han sido bendecidos por Dios.

Hechos, capítulo 2, versículos del 42 al 47, describe el compartir de la mesa que los seguidores de Jesús instituyeron tras el nacimiento de la Iglesia cristiana en Pentecostés. El Espíritu Santo la puso en marcha junto con sus ministerios de enseñanza. Nótese el versículo 42: "Y perseveraban en la doctrina de los apóstoles, en la comunión unos con otros, en el partimiento del pan y en las oraciones". El orden de sus

---

[6] Véase la discusión sobre el orgullo genuino y el orgullo falso en Robert W. Pazmiño, *By What Authority Do We Teach? Sources for Empowering Christian Educators* (¿Bajo qué autoridad enseñamos? Fuentes para capacitar al educador cristiano) (Eugene, Ore.: Wipf and Stock, 2002), 74-75. John R. W. Scott ha escrito un artículo sobre este tema, "Am I supposed to love myself of hate myself? The cross points a way between self-love and self-denial," *Christianity Today* (April 20, 1984), 27-28.

actividades es digno de mención. La enseñanza es lo primero, seguido de la comunión, del partimiento del pan y las oraciones, lo que sugiere una adoración-celebración colectiva. El identificarse con Jesús y dejarse dirigir por el Espíritu lleva a prácticas de fe, incluso después de que Jesús partiera y el Espíritu Santo llegara. Los seguidores de Jesús encarnan su fe y se identifican con él en su vida comunitaria y en la comunión con el Espíritu Santo.

Karl Barth, el teólogo suizo, propone que los cristianos participan en la obra de del Espíritu Santo en tres áreas. Estas incluyen la formación de la tradición, la comunión de los santos y la comunidad de testimonio.[7] Esta participación con el Espíritu Santo expande el ministerio terrenal de Jesús luego de su ascensión y honra la manifestación de la Palabra de Dios, iniciada en la creación y que aguarda su consumación. Este es un gran llamado para que los maestros cristianos reconozcan su dependencia en la provisión de Dios.

Los maestros cristianos no solamente reconocen que el ministerio de Jesús fue único, sino también sus propias limitaciones. Por eso, celebran su identidad como indignos del llamado de Dios a ser representantes de Jesús en sus vidas y ministerios. Este llamado es grande y requiere una dependencia constante en la oración, que es uno de los recursos puestos a su disposición. El recurso prominente es el Espíritu que Cristo impartió a sus seguidores al partir de la tierra. La esperanza real del retorno de Jesús motiva a vivir en santidad, representando fielmente las virtudes del ministerio y la enseñanza de Jesús (1 Jn 3: 2-3).

La segunda parte de este trabajo considera la manifestación exterior de la comunión cristiana en relación con la celebración de las virtudes cristianas de la verdad, el amor, la fe, la esperanza y el gozo, sostenidos por los maestros que practican una enseñanza con la unción del Espíritu con un sentido de humildad. La venida del Espíritu Santo en Pentecostés posibilitó esta enseñanza con unción hasta la consumación de los tiempos.

Llamado pentecostal: sostén y consumación

La enseñanza en el poder de Jesús a menudo es explorada a la luz de lo ocurrido durante su travesía terrenal después de su crucifixión. Como se ha indicado anteriormente, en el capítulo 10, versículo 18b de Juan, Jesús dice: "Tengo poder para ponerla (su vida), y tengo poder para volverla a tomar". La crucifixión implicaba la entrega de su vida, mientras la resurrección el tomarla de nuevo. En ambas hay una

[7] Karl Barth, *Church Dogmatics* I (Dogmática ecclesial), 1 (Edinburg: T & T Clark, 1936), 88-124.

manifestación de poder. Aunque la mayoría de los cristianos vinculan el poder con la resurrección, la crucifixión también está relacionada con el poder del amor y el servicio. Me parece digno de mención que Pablo describe el lema de su vida en términos tanto de la crucifixión y resurrección. Por eso les escribe a los cristianos que enseñó en Filipos: "... a fin de conocerle, y el poder de su resurrección, y la participación de sus padecimientos, llegando a ser semejante a él en su muerte, si en alguna manera llegase a la resurrección de entre los muertos" (Fil 3: 10-11). En el ministerio educativo de Jesús, también hallamos destellos de la crucifixión y la resurrección antes de los acontecimientos históricos de su pasión que tan vívidamente son descritos en los evangelios.

Juan capítulo 1, versículos del 10 al 13 presenta en su prólogo el tema de la transformación y describe el ministerio de Jesús en la tierra:

> En el mundo estaba, y el mundo por él fue hecho; pero el mundo no le conoció. A lo suyo vino, y los suyos no le recibieron. Mas a todos los que le recibieron, a los que creen en su nombre, les dio potestad de ser hechos hijos de Dios; los cuales no son engendrados de sangre, ni de voluntad de carne, ni de voluntad de varón, sino de Dios.

La "potestad de ser hechos hijos de Dios" sugiere un proceso de transformación al creer y recibir el nombre de Jesús, como lo hizo Nicodemo con el tiempo y la samaritana inmediatamente. El poder se experimenta teniendo vida en el nombre de Jesús al nacer de Dios. Este nacimiento es una invitación que aparece explícita e implícitamente en las enseñanzas de Jesús y, por consiguiente, en los ministerios de enseñanza de sus discípulos. Estas dos personas se encontraron con Jesús desde diferentes extremos del espectro socioeconómico. En todos los niveles de la sociedad y ámbitos de la vida existe un hambre de transformación. Esa dinámica varía de acuerdo con el estatus que se tenga, ya sea de extranjero o miembro, de esa comunidad humana en particular.

El ser tratado como extraño, "el otro", en cualquier encuentro humano puede invalidar la personalidad. Quienes son considerados como los otros son prescindibles. Cuando la supervivencia se ve amenazada, el otro es más vulnerable. Martin Buber, autor de *Yo y tú*, explora la importancia de reconocer la personalidad de los "otros".[8] El proceso de transformación puede ser radicalmente diferente para los extranjeros en comparación con los de adentro. Jesús transformó a los que miraban de afuera, acercándolos en ocasiones de maneras extrañas y paradójicas. Él

---

[8] Marin Buber, *I and Thou* (New York: Charles Scribner's Sons, 1970).

mismo, un extraño fuera de su contexto galileo, podía identificarse con los forasteros del siglo I. Para los extranjeros la ansiada transformación es comparable con el proceso de los de adentro moviéndose del centro hacia los márgenes, aunque tengan mucho que perder.

Consumación

La mesa que Jesús comparte en la última cena, la cual es recordada en la Santa Cena y la comunión con el Espíritu Santo en Pentecostés, esperan su cumplimiento final, según lo describe el Apocalipsis. La cena de las bodas del Cordero es descrita en el capítulo 19, versículos del 1 al 10, precedida por los ángeles que entonan el Cántico de Moisés y del Cordero. Este cántico tomado del capítulo 32 de Deuteronomio también se menciona en el capítulo 15, versículos del 3 al 4 de Apocalipsis. Como señala K. H. Barthes: "El Antiguo Testamento ofrece otro cántico de Moisés en capítulo 15, versículos del 1 al 18 de Éxodo, en donde junto con los israelitas celebra que fueron librados del ejército del Faraón y de la esclavitud. Juan, el escritor de Apocalipsis, transpone el cántico del capítulo 15 de Éxodo junto con las palabras del Salmo 145, versículo 7, dándoles un significado cristológico".[9] El Salmo 145 celebra la grandeza y la bondad de Dios y el versículo 7 dice lo siguiente: "Proclamarán la memoria de tu inmensa bondad, y cantarán tu justicia".

Volviendo a Apocalipsis capítulo 15, versículo 3: "Y cantan el cántico de Moisés siervo de Dios, y el cántico del Cordero, diciendo: Grandes y maravillosas son tus obras, Señor Dios Todopoderoso; justos y verdaderos son tus caminos, Rey de los santos ¡Grandes y sorprendente son tus obras, Señor Dios Todopoderoso!" Este glorioso Cántico del Cordero celebra lo que el segundo Moisés, nuestro Señor Jesucristo, llevó a cabo y lo que nuestros ministerios deben comunicarle a un mundo con una gran necesidad y hambre espiritual, mientras esperamos el establecimiento de un nuevo cielo y la nueva tierra (Ap. 21). El Padre, Hijo y Espíritu Santo son un modelo de la cooperación con unción necesaria para que la humanidad logre los propósitos de Dios en una tierra renovada.

Al volver al capítulo 32, versículos del 5 al 14 de Deuteronomio, descubrimos que algo andaba mal con las generaciones y el pueblo del Señor, personificado por Jacob y sus descendientes. Pero, a pesar de todo y de nosotros, Dios sostiene y cuida a quienes siguen sus caminos. El cuidado de Dios y su gracia "a pesar de nosotros" es un mensaje de

[9] Barthes, 674

esperanza y gracia en medio del juicio divino. Dios nos sostiene en nuestra enseñanza y aprendizaje a lo largo de nuestras vidas.

La enseñanza puede ser una aventura de esperanza ya que asume y propone que la gente se reúne y son capaces de aprender. También, sugiere que los maestros o profesores tienen algo valioso que compartirles. En el caso de la fe cristiana, la enseñanza afirma la creencia en que Dios es nuestro Maestro. Dios fue el maestro de Abraham, Isaac y Jacob, de Sara, Rebeca, Lea y Raquel. Dios ha sido nuestro maestro desde que nos formó en el vientre de nuestra madre, como muy bien lo describe el Salmo 139, versículos del 13 al 16. ¿Acaso sentimos y apreciamos la maravilla de ese don de la presencia y enseñanza sustentadora de Dios en toda la vida? ¿Qué esperanza tenemos en nuestras vidas y las de los demás en un momento de crisis económica mundial o ante la recesión y el desafío nacional?

La enseñanza que nos sostiene implica tanto una denuncia como anunciación. La denuncia de los destructores de la vida posibilita el conocimiento de la nueva que Dios ofrece. El patrón del Nuevo Testamento es vida, muerte y vida nueva en Jesucristo y la venida del Espíritu Santo. Gabriel Morán, autor de *Demostración: el acto de la enseñanza*, sugiere que la enseñanza es una demostración de la manera en que se debe vivir y morir.[10] Yo añadiría que es una demostración de la manera de amar y vivir de nuevo a través de la gracia transformadora y la renovación de Dios por medio del Espíritu de Dios, el Espíritu de Jesús, el Espíritu Santo que unge nuestros ministerios. La enseñanza con unción sostiene a la gente, comunidades, sociedades y toda la creación que anhela y gime por una nueva vida (Rm 8: 18-30). Los discípulos de Jesús trastornaron el mundo del siglo I y nosotros podemos hacer lo mismo hoy en día. La enseñanza con unción fomenta el amor a Dios, al prójimo y la creación.

Conclusión

La búsqueda de una pneumatología práctica celebra los fundamentos teológicos de la liberación que el Espíritu trae, la celebración y el sustento como elementos esenciales de la enseñanza cristiana. Como Steve Kang observa, las comunidades cristianas son aquellas en las que "la vida, muerte y resurrección de Jesucristo se celebran y siguen formando a su gente a través del poder del Espíritu Santo".[11] Los

---

[10] Gabriel Morán, p. 39

[11] S. Steve Kang, "Truth-Embodying Households," en *Growing Healthy Asian American Churches*, editado por Peter Cha, S. Steve Kang y Helen Lee (Downers Grove, Ill.: InterVarsity Press, 2006), 48.

maestros cristianos apoyan la formación espiritual y el crecimiento de dichas comunidades tomando en cuenta lo que requiere esa colaboración con el Espíritu Santo. Este poder estructura la enseñanza con unción en el mundo y proporciona ideas para los pensamientos y las prácticas de los maestros cristianos de todas las épocas.

PRIMERA PARTE

La enseñanza en el Espíritu y la liberación

Luego de haber explorado los fundamentos teológicos de una *pneumatología* práctica, una pregunta persiste: ¿Qué es la enseñanza con unción en el Nuevo Testamento? Según Dietrich Müller, *unción* "es una metáfora para el otorgamiento del Espíritu Santo, un poder especial o una comisión divina".[12] James Wilhoit y Linda Rozema han escrito que el Espíritu Santo mora dentro, sobre y entre los que enseñan.[13] En este caso preferimos considerar los frutos de la enseñanza ungida, a saber, de la liberación que conducen a la justicia, la celebración y el sustento, como lo sugieren el Cántico de Moisés y el Magníficat de María. En nuestros escritos nos referimos al Espíritu Santo, la tercera persona de la Trinidad, dotando, capacitando y transformando a los cristianos a la imagen de Jesucristo a través de su confianza en Dios y la presencia de Cristo en sus ministerios de enseñanza. La enseñanza es un don espiritual de parte de Dios para que su pueblo transmita una fe viva a un mundo desesperado y necesitado de buenas noticias. El Espíritu es derramado sobre los discípulos de Jesús para que cumplan la comisión educativa del capítulo 28, versículos del 18 al 20 de Mateo, de hacer discípulos en todo el mundo, bautizándolos en el nombre del Padre, Hijo y Espíritu Santo y enseñándoles a guardar todo lo que Jesús mismo enseñó.

¿Qué hace que nuestra enseñanza sea cristiana? Este trabajo explora la persona y el ministerio del Espíritu Santo, la tercera persona de la Trinidad. El desafío de enseñarles a otras personas a obedecer todo lo que Jesús enseñó trasciende nuestra relación normal con la enseñanza y requiere que el Espíritu Santo obre dentro de nosotros, otras personas, la comunidad de fe, la comunidad local, las naciones del mundo, así como en toda la creación que gime a la espera de que Dios complete su salvación (Rm 8: 18-27).

---

[12] Müller, 122

[13] Wilhoit y Rozema, p. 245

El capítulo 32 de Deuteronomio nos ha intrigado porque los versículos iniciales del Cántico de Moisés describen la enseñanza con unción que tanto anhela la humanidad:

> Escuchad, cielos, y hablaré;
> Y oiga la tierra los dichos de mi boca.
> Goteará como la lluvia mi enseñanza;
> Destilará como el rocío mi razonamiento;
> Como la llovizna sobre la grama,
> Y como las gotas sobre la hierba;
> Porque el nombre de Jehová proclamaré.
> Engrandeced a nuestro Dios.
> Él es la Roca, cuya obra es perfecta,
> Porque todos sus caminos son rectitud;
> Dios de verdad, y sin ninguna iniquidad en él;
> Es justo y recto.

Como se señala en el capítulo 31, versículo 19, este cántico es un testimonio enseñado al pueblo del pacto. Moisés la incluye durante el repaso de su liderazgo y ministerio, en donde ve el potencial de la tierra prometida para el pueblo de Dios. La canción incluye consejos prácticos para recordarles y educarlos en el camino a seguir. Moisés exhorta a sus compañeros de viaje a que escojan la vida ofrecida por su Dios comprensivo y liberador.

Moisés habló de una educación que libera. Su enseñanza buscaba dar vida y refrigerio al pueblo que venía del desierto. En su libro, *El camino del claustro*, Kathleen Norris observa que Matilde de Magdeburgo, una mística medieval, sugirió que nuestras vidas y enseñanza son como acres desiertos y polvorientos, necesitados de la lluvia vivificante de Cristo y el suave rocío del Espíritu Santo.[14] La enseñanza debe fluir de una vida en estrecha comunión con el Dios Trino, lo cual es posible hoy a través del ministerio del Espíritu Santo. Lo que significaba la lluvia a los que anduvieron errantes por el desierto, es el desafío actual para nuestra enseñanza. La enseñanza debe ser refrescante, promover la vida y provocar el crecimiento. Si el Espíritu de Dios unge nuestra enseñanza, producirá vida, liberando las semillas y el crecimiento que han estado latentes en los corazones humanos para que se cumpla el propósito inicial de Dios en la creación. En el ámbito de la vida humana, el crecimiento es hacia el Shalom de Dios que encarna la paz y la justicia para todos.

---

[14] Kathleen Norris, *The Cloister Walk* (New York: Riverhead Books, 1996), 159.

El Cántico de Moisés tenía el potencial de vivificar al pueblo del pacto. Si su enseñanza penetraba y saturaba sus corazones y mentes, crecerían en su relación con su Señor. Este potencial era grande porque su tema era Dios. Esta enseñanza estaba enfocada en la relación del pueblo con Dios, la cual permite la liberación. *Liberación* puede definirse como 'libertad para vivir de acuerdo con el diseño de Dios'. A medida que avanzamos hacia el Nuevo Testamento, la liberación ocurre a través de la obra salvadora de Jesucristo (un segundo Moisés), y representa para nosotros una invitación a un nuevo éxodo y a una vida nueva dada por el Espíritu de Jesús el Cristo, quien llenó a sus seguidores en Pentecostés, el nacimiento de la iglesia cristiana.

El apóstol Pablo describe la clase de liberación que está disponible para los seguidores de Jesús a través de la vida en el Espíritu:

> Así que, hermanos, deudores somos, no a la carne, para que vivamos conforme a la carne; porque si vivís conforme a la carne, moriréis; mas si por el Espíritu hacéis morir las obras de la carne, viviréis. Porque todos los que son guiados por el Espíritu de Dios, éstos son hijos de Dios. Pues no habéis recibido el espíritu de esclavitud para estar otra vez en temor, sino que habéis recibido el espíritu de adopción, por el cual clamamos: ¡Abba, Padre! El Espíritu mismo da testimonio a nuestro espíritu, de que somos hijos de Dios. Y si hijos, también herederos; herederos de Dios y coherederos con Cristo, si es que padecemos juntamente con él, para que juntamente con él seamos glorificados (Rm 8: 12-17).

El espíritu de la esclavitud y el miedo es reemplazado con el Espíritu de adopción y liberación, el cual abarca nuestros derechos como herederos de Dios y coherederos con Cristo, como era la intención de la creación. El Espíritu que originalmente sopló el aliento de vida en el polvo, ahora vivifica a los hijos y las hijas adoptivos de Dios, testificando a los espíritus humanos su estatus renovado y libre para servir a Dios y al prójimo con todos los dones que Dios otorga a los creyentes.

El Cántico de Moisés resuena en el Cántico de Ana, en el capítulo 2, versículos del 1 al 10 de 1 Samuel. Aquí ella rinde homenaje al regalo de Dios, dedicándole a su hijo. Este cántico, al igual que el Magníficat de María, se encuentra en el Evangelio de Lucas:

> Y Ana oró y dijo:
> Mi corazón se regocija en Jehová,

Mi poder se exalta en Jehová;
Mi boca se ensanchó sobre mis enemigos,
Por cuanto me alegré en tu salvación.
No hay santo como Jehová;
Porque no hay ninguno fuera de ti,
Y no hay refugio como el Dios nuestro.
No multipliquéis palabras de grandeza y altanería;
Cesen las palabras arrogantes de vuestra boca;
Porque el Dios de todo saber es Jehová,
Y a él toca el pesar las acciones.
Los arcos de los fuertes fueron quebrados,
Y los débiles se ciñeron de poder.
Los saciados se alquilaron por pan,
Y los hambrientos dejaron de tener hambre;
Hasta la estéril ha dado a luz siete,
Y la que tenía muchos hijos languidece.
Jehová mata, y él da vida;
El hace descender al Seol, y hace subir.
Jehová empobrece, y él enriquece;
Abate, y enaltece.
El levanta del polvo al pobre,
Y del muladar exalta al menesteroso,
Para hacerle sentarse con príncipes y heredar un sitio de honor.
Porque de Jehová son las columnas de la tierra,
Y él afirmó sobre ellas el mundo.
El guarda los pies de sus santos,
Mas los impíos perecen en tinieblas;
Porque nadie será fuerte por su propia fuerza.
Delante de Jehová serán quebrantados sus adversarios,
Y sobre ellos tronará desde los cielos;
Jehová juzgará los confines de la tierra,
Dará poder a su Rey,
Y exaltará el poderío de su Ungido.

Ana es liberada de la marginación de la infertilidad con el nacimiento de un hijo y ahora medita en las intenciones de Dios de extender los frutos de la liberación, la celebración y el sustento de la humanidad y la creación. Los ungidos por el Espíritu Santo crean nuevas posibilidades para la vida cuando colaboran con Dios.

El Cántico de Ana es un preludio a la conversación de María, la madre de Jesús, con su prima Elisabeth. Ambas comparten la alegría de tener hijos, los frutos de sus entrañas. El canto de María es significativo si tenemos en cuenta que fue la primera maestra de Jesús. Se le conoce como el Magníficat porque magnifica a Dios por sus bendiciones al dar nueva vida:

Entonces María dijo:
Engrandece mi alma al Señor;
Y mi espíritu se regocija en Dios mi Salvador.
Porque ha mirado la bajeza de su sierva;
Pues he aquí, desde ahora me dirán bienaventurada todas las generaciones.
Porque me ha hecho grandes cosas el Poderoso;
Santo es su nombre,
Y su misericordia es de generación en generación
A los que le temen.
Hizo proezas con su brazo;
Esparció a los soberbios en el pensamiento de sus corazones.
Quitó de los tronos a los poderosos,
Y exaltó a los humildes.
A los hambrientos colmó de bienes,
Y a los ricos envió vacíos.
Socorrió a Israel su siervo,
Acordándose de la misericordia
De la cual habló a nuestros padres,
Para con Abraham y su descendencia para siempre (Lc 1: 46-55).

El tema de la celebración, en términos de adoración, es de suma importancia para María al igual que para Ana; sin embargo, los temas tanto de liberación como de justicia en las acciones de Dios a favor de los humildes, los marginados y los hambrientos, además del sustento de las cosas y la fuerza compartida con los débiles también son dignos alabanza en las voces de ambas. El fruto de sus vientres las bendijo y eran la provisión de Dios para la humanidad.

Una educación liberadora tiene implicaciones tanto para las dimensiones personales como sociales de los cristianos de hoy. En primer lugar, en la dimensión personal, en el ámbito de nuestra vida interior y de nuestros estudiantes, tiene implicaciones para nuestra experiencia de redención y de piedad personal o santidad, que hoy se le conoce como *espiritualidad*. Como maestros de la fe cristiana, estamos llamados a usar nuestro poder para liberar y capacitar a los demás, compartirles el contenido de nuestra fe y hacerles entender las implicaciones del señorío de Dios y Cristo sobre todas las áreas de la vida personal. El enfoque de este tipo de enseñanza es hacer la voluntad de Dios y no solamente conocerla. Hay que vivir la verdad de Dios en Jesucristo a través del poder del Espíritu Santo que mora en nosotros y en las vidas de nuestros estudiantes. Para que esto ocurra, como educadores cristianos estamos llamados a compartirles nuestras vidas, así como nuestras enseñanzas. Como Gálatas, capítulo 5, versículo 25 enseña: "Si vivimos por el Espíritu, andemos también por el Espíritu". A esto añadimos, dejémonos guiar por el Espíritu en nuestra enseñanza y aprendizaje en comunidad y en el propósito de Dios para con la creación.

Si fuéramos más allá de la dimensión personal, nos daremos cuenta de que la espiritualidad cristiana genuina es tanto personal como social o comunitaria por naturaleza. Cuando nuestra relación personal con Dios es enfatizada a expensas del contexto social, se puede convertir fácilmente en una fe egoísta, pecaminosa, "según la carne" como lo describe Pablo. Es una espiritualidad y santidad limitada únicamente a nosotros. Por lo tanto, la educación que libera debe hacer frente, en segundo lugar, a las dimensiones sociales de la vida.

En nuestros esfuerzos educativos estamos llamados a comprender el efecto de la revelación de Dios sobre nuestra sociedad y diversas culturas. A través de la educación, debemos hacer frente a las implicaciones del Señorío de Cristo para todas las áreas de interacción social, incluyendo las esferas políticas, sociales, culturales y económicas. El discernimiento espiritual es crucial en nuestra vida pública. Para los que vivimos en una sociedad institucionalizada, tales implicaciones incluyen la vida institucional, en cuanto a la forma en que tratamos a otras personas y cómo completamos las tareas. En nuestra situación actual, también hay que lidiar con la preocupación de Dios por los pobres y oprimidos, y las apremiantes necesidades de las zonas urbanas, suburbanas y rurales, tanto a nivel nacional como mundial. Todo esto debe hacerse con discernimiento espiritual e imaginación.

Pero, al igual que con la dimensión personal, es necesario ser precavidos en lo social. A veces podemos exagerar nuestra relación con el mundo y los demás a expensas de nuestra relación con Dios y de nuestra vida espiritual. Cuando esto sucede, las preocupaciones mundanas y sociales se tornan superficiales, vacías y sin fundamento. Por lo tanto, es necesario que ambas dimensiones de nuestra fe tengan un diálogo fresco, emocionante e interacción en una educación liberadora. Una *pneumatología* pública requiere un equilibrio entre la vida personal y social, la individualidad y la conectividad, lo privado y lo público. La enseñanza cristiana tiene la necesidad apremiante de pensar en el bien común y público.[15] Así le sucedió a Bob en una experiencia que tuvo en 2006.

El 13 de junio de 2006, Bob y su esposa Wanda fueron invitados a escuchar a la orquesta Boston Pops por sus amigos judíos, Heni y Mark, cuya hija, Sarah Koenig-Plonskier tocaría esa noche tras haber ganado un

[15] Véase los comentarios de Benjamin Valentin, *Mapping Public Theology: Beyond Culture, Identity, and Difference* (Trazando la teología pública: Allende la cultura, identidad y diferencia) (Harrisburg, Pa: Trinity Press International, 2002), 94.

concierto auspiciado por esta misma orquesta. Como parte del programa de la noche se tocó la sinfonía "Las cuatro libertades", de Robert Russell Bennett. Esta pieza cautivó la imaginación espiritual de Bob. Fue inspirada en las cuatro pinturas de Norman Rockwell de 1943.

"Las cuatro libertades" se refieren al histórico discurso que el presidente Franklin D. Roosevelt (FDR) diera ante el Congreso el 6 de enero de 1941. El discurso de FDR fue tan inspirador que el pintor e ilustrador Norman Rockwell creó una serie sobre este tema. Rockwell interpreta las cuatro libertades en términos de la vida cotidiana. Las pinturas sirvieron como la pieza central de una unidad nacional de bonos de guerra que recaudo más de $130 millones de dólares y educó al público acerca de las metas de los Estados Unidos en la Segunda Guerra Mundial.[16]

¿Cuáles fueron las cuatro libertades que inspiraron a artistas y compositores, junto a muchísima gente común y corriente, en medio de una crisis nacional e internacional? En primer lugar, la libertad de expresión valora el que toda persona del mundo pueda expresarse y ser representada. En segundo lugar, la libertad de culto valora la expresión religiosa del espíritu humano. Queremos que el Espíritu de Dios lo active para que sea reverente en su alabanza y asombro ante el Creador. En tercer lugar, la libertad de la penuria en lo cotidiano afirma que se cubran las necesidades humanas básicas de alimentación, vestido, vivienda, atención médica y educación, trayendo a la luz el asunto de los derechos humanos en medio de las diversas formas de opresión que existen en el mundo. En cuarto lugar, la libertad del miedo, dada la propensión humana a la violencia, el abuso, la codicia y el privilegio. Esta libertad desafía a los principados y poderes del sistema mundial que se oponen a la visión de Dios de paz y justicia para la creación. Estas cuatro libertades guiarán nuestra discusión de la enseñanza ungida que libera; nuestra enseñanza ungido que lleva el fruto de la liberación.

El mismo Jesús modela en su ministerio de enseñanza, descrito en el Evangelio de Lucas, capítulo cuatro, el vínculo entre la unción y el fruto de la liberación que promete a sus oyentes luego de haber sido bautizado (Lc 3: 21-22) y tentado por cuarenta días (4: 1-13). Jesús identifica la oposición y los desafíos que enfrentara el inicio de su Reino (4: 14-30):

> Aconteció que cuando todo el pueblo se bautizaba, también Jesús fue bautizado; y orando, el cielo se abrió, y descendió el Espíritu Santo

[16] Para una descripción reciente de las cuatro libertades, vea "Revisiting Rockwell" por Abigail Tucker y fotografías de Jason Pietra que fue publicado en la edición de marzo 2018 de la revista "Smithsonian" pp. 7-14 lo que honra una contribución reciente de artistas que representan las virtudes de las cuatro libertades.

sobre él en forma corporal, como paloma, y vino una voz del cielo que decía: Tú eres mi Hijo amado; en ti tengo complacencia.
Jesús, lleno del Espíritu Santo, volvió del Jordán, y fue llevado por el Espíritu al desierto por cuarenta días, y era tentado por el diablo. Y no comió nada en aquellos días, pasados los cuales, tuvo hambre.
Entonces el diablo le dijo: Si eres Hijo de Dios, di a esta piedra que se convierta en pan. Jesús, respondiéndole, dijo: Escrito está: No sólo de pan vivirá el hombre, sino de toda palabra de Dios.
Y le llevó el diablo a un alto monte, y le mostró en un momento todos los reinos de la tierra. Y le dijo el diablo: A ti te daré toda esta potestad, y la gloria de ellos; porque a mí me ha sido entregada, y a quien quiero la doy. Si tú postrado me adorares, todos serán tuyos.
Respondiendo Jesús, le dijo: Vete de mí, Satanás, porque escrito está: Al Señor tu Dios adorarás, y a él solo servirás.
Y le llevó a Jerusalén, y le puso sobre el pináculo del templo, y le dijo: Si eres Hijo de Dios, échate de aquí abajo; porque escrito está: A sus ángeles mandará acerca de ti, que te guarden; y, En las manos te sostendrán, Para que no tropieces con tu pie en piedra.
Respondiendo Jesús, le dijo: Dicho está: No tentarás al Señor tu Dios.
Y cuando el diablo hubo acabado toda tentación, se apartó de él por un tiempo. Y Jesús volvió en el poder del Espíritu a Galilea, y se difundió su fama por toda la tierra de alrededor. Y enseñaba en las sinagogas de ellos, y era glorificado por todos.
Vino a Nazaret, donde se había criado; y en el día de reposo entró en la sinagoga, conforme a su costumbre, y se levantó a leer. Y se le dio el libro del profeta Isaías; y habiendo abierto el libro, halló el lugar donde estaba escrito: El Espíritu del Señor está sobre mí,
Por cuanto me ha ungido para dar buenas nuevas a los pobres;
Me ha enviado a sanar a los quebrantados de corazón;
A pregonar libertad a los cautivos,
Y vista a los ciegos;
A poner en libertad a los oprimidos; A predicar el año agradable del Señor.
Y enrollando el libro, lo dio al ministro, y se sentó; y los ojos de todos en la sinagoga estaban fijos en él. Y comenzó a decirles: Hoy se ha cumplido esta Escritura delante de vosotros. Y todos daban buen testimonio de él, y estaban maravillados de las palabras de gracia que salían de su boca, y decían: ¿No es éste el hijo de José?
Él les dijo: Sin duda me diréis este refrán: Médico, cúrate a ti mismo; de tantas cosas que hemos oído que se han hecho en Capernaum, haz también aquí en tu tierra.
Y añadió: De cierto os digo, que ningún profeta es acepto en su propia tierra. Y en verdad os digo que muchas viudas había en Israel en los días de Elías, cuando el cielo fue cerrado por tres años y seis meses, y hubo una gran hambre en toda la tierra; pero a ninguna de ellas fue enviado Elías, sino a una mujer viuda en Sarepta de Sidón. Y muchos

> leprosos había en Israel en tiempo del profeta Eliseo; pero ninguno de ellos fue limpiado, sino Naamán el sirio.
> Al oír estas cosas, todos en la sinagoga se llenaron de ira; y levantándose, le echaron fuera de la ciudad, y le llevaron hasta la cumbre del monte sobre el cual estaba edificada la ciudad de ellos, para despeñarle. Mas él pasó por en medio de ellos, y se fue.

Después de haber sido bautizado, el Espíritu Santo que había descendido sobre Jesús lo llenó y llevó al desierto para que fuera tentado severamente. Sin embargo, el Espíritu y la Palabra lo sustentaron a través de las diversas pruebas que aún aquejan a la humanidad. Luego, lleno del poder del Espíritu, regresó a Galilea y empezó a enseñar. En su primera enseñanza pública, fue explícito en cuanto a que el Espíritu lo había ungido para que llevara la buena noticia de la liberación de todas las formas de opresión. Esto es claramente señalado en el texto de Lucas, el cual está basado en la visión profética de Isaías sobre el Espíritu (Is 61: 1-2; 58: 6-7) y la buena noticia de que Dios libraría a su pueblo. Jesús, como maestro profético, lleno del Espíritu, celebró el fruto de la liberación en su enseñanza pública. Sus seguidores están llamados a un ministerio similar de llevar el fruto de la liberación en sus diversas formas.

La tarea de la liberación se ve en los tres niveles distintos que Gustavo Gutiérrez perspicazmente ha identificado y que, aunque distintos, están conectados íntimamente a la vida cotidiana. El primer nivel de liberación es socioeconómico y político, en donde se busca el darles poder y liberación a los oprimidos, las clases explotadas, los grupos étnicos, despreciados y los marginados, a quienes debe dárseles pleno acceso a los recursos que necesiten para vivir. Este nivel representa las aspiraciones de todos los pueblos oprimidos. En cuanto a este nivel, la iglesia está llamada a un ministerio de defensa e identificación con los que no tienen voz ni poder bajo las estructuras sociales actuales. El segundo nivel de liberación representa una clara comprensión de la historia, en la que las personas se responsabilizan por sus destinos. Aquí se afirman los valores de la cooperación, la asociación y el valor de la vida de cada persona. Cada una es digna y valiosa, meritoria de atención y preocupación durante el transcurso de su vida e incluso en la muerte. Con relación a este nivel, la iglesia está llamada a modelar una comunidad de cuidado pastoral que valore a toda la gente. El tercer nivel de liberación es teológico y espiritual, llamando a ser libre del pecado, la raíz de toda injusticia y opresión. Este tercer nivel incluye la comunión con Dios y su pueblo. Gutiérrez interpreta estos tres niveles de la liberación como parte del proceso salvífico de Dios y digno de consideración por los cristianos.[17] Esta liberación teológica y espiritual permite que la gente se acoja a una vida de comunidad en cooperación con el Espíritu Santo y de participación en el cumplimiento de la misión de Dios en el mundo. Reconoce que las personas han pecado y también, sido víctimas del pecado cometido por los sistemas y las estructuras sociales que perpetúan la opresión y reprimen la liberación de maneras que requieren obras de justicia.

Eldin Villafañe, autor hispano y especialista en ética cristiana, ofrece ideas útiles acerca de la manera en que el Espíritu de Dios, como Espíritu Liberador, nos invita a participar de lleno en su ministerio a través de prácticas religiosas como la enseñanza. Este presenta un paradigma que une nuestro concepto teológico del Espíritu a una auto-comprensión ética con implicaciones para la enseñanza ungida. El paradigma tiene tres componentes y emerge del capítulo 5, versículo 25 de Gálatas, en donde Pablo les recuerda a los creyentes que tanto nuestra teología como ética están basadas en el Espíritu: "Si vivimos en el Espíritu (teológica), andemos también. en el Espíritu (ética)". El paradigma triple de Villafañe incluye lo siguiente:

1. El proyecto histórico del Espíritu: el reto de participar en el Reino de Dios.
2. El poder del Espíritu confronta: el reto de confrontar el pecado y la maldad estructural.
3. El Espíritu imparte poder carismático: el reto de cumplir el papel profético y vocacional del bautismo en el Espíritu.[18]

Entre los puntos de vista de Villafañe y Gutiérrez se da un paralelismo notable que permite que comprendamos el ministerio del Espíritu Santo en la liberación completa de la humanidad y la creación. A través del ministerio del Espíritu de bautizar y ungir a los seguidores de Jesús, la liberación que Jesús proclamó encuentra su expresión en todos los niveles de la vida incluyendo lo personal, lo comunal y social. Esto ocurre en la medida en que los cristianos encuentren la oposición y retos similares a los del ministerio de Jesús, como Lucas lo señala en su relato.

El comunicado del Pacto de Lausana de 1975 confirma esta introducción a la primera parte sobre uno de los primeros frutos de la enseñanza con unción:

---

[17] Gustavo Gutiérrez, *A Theology of Liberation: History, Politics and Salvation* (Una teología de liberación: historia, política y salvación), trans. Sister Caridad Inda y John Eagleson (Maryknoll, N. Y.: Orbis, 1973), 36-37, 176.

[18] Eldin Villafañe, *The Liberating Spirit: Toward an Hispanic American Pentecostal Social Ethic* (Grand Rapids: Eerdmans, 1993), 194-195.

RESPONSABILIAD SOCIAL CRISTIANA

Afirmamos que Dios es tanto el Creador como el Juez de todos los hombres. Por lo tanto, debemos compartir Su preocupación por la justicia y la reconciliación en toda la sociedad humana, y por la liberación de todos los hombres de toda clase de opresión. La humanidad fue hecha a la imagen de Dios; consecuentemente, toda persona, sea cual sea su raza, religión, color, cultura, clase, sexo, o edad tiene una dignidad intrínseca, en razón de la cual debe ser respetada y servida, no explotada. Expresamos además nuestro arrepentimiento, tanto por nuestra negligencia, como por haber concebido, a veces, la evangelización y la preocupación social como cosas que se excluyen mutuamente. Aunque la reconciliación con el hombre no es lo mismo que la reconciliación con Dios, ni el compromiso social es lo mismo que la evangelización, ni la liberación política es lo mismo que la salvación, no obstante, afirmamos que la evangelización y la acción social y política son parte de nuestro deber cristiano. Ambas son expresiones necesarias de nuestra doctrina de Dios y del hombre, de nuestro amor al prójimo y de nuestra obediencia a Jesucristo. El mensaje de la salvación implica también un mensaje de juicio a toda forma de alienación, opresión y discriminación, y no debemos temer el denunciar el mal y la injusticia dondequiera que existan. Cuando la gente recibe a Cristo, nace de nuevo en Su Reino y debe manifestar a la vez que difundir Su justicia en medio de un mundo injusto. La salvación que decimos tener, debe transformarnos en la totalidad de nuestras responsabilidades, personales y sociales. La fe sin obras es muerta.
(Juan 17:18, 20-21; Mat. 29:19-20; Hech. 1:8; 20:27; Ef. 1:9; 3:9-11; Gál. 6:14,17; 2 Cor. 6:3,4; 2 Tim. 2:19-21; Fil. 1:27).[19]

John Perkins, quien se ha dedicado a ministrarles a los marginados, comparte unas palabras que todavía son oportunas: "La voluntad de Dios es clara. Debemos amar a Dios y a la gente. La evidencia bíblica afirma de manera abrumadora que la voluntad de Dios es que lo amemos de un modo exclusivo, y a nuestro prójimo de una manera que lo libere de la pobreza y la opresión, ya sea espiritual o física"[20]. Uno de los primeros frutos de la enseñanza con unción es que el Espíritu busca bendecirnos con la liberación. Moisés, Ana y María lo dejaron claro en sus canciones, en donde nos enseñan lo que aprendieron. Jesús también, lo enseña en sus dos grandes mandamientos acerca del amar a Dios y al prójimo (Lc 10: 27). Además, es el ejemplo del sumo sacerdote que entrega su vida: "¿Cuánto más la sangre de Cristo, el cual mediante el Espíritu eterno se

[19] John Stott, *The Lausanne Covenant: An Exposition and Commentary* (El pacto de Lausana: exposición y comentario) (Minneapolis: World Wide Publications, 1975), 25.
[20] John Perkins, *A Quiet Revolution* (Una revolución callada) (Waco, Tex.: Word Books, 1976), 33-34.

ofreció a sí mismo sin mancha a Dios, limpiará vuestras conciencias de obras muertas para que sirváis al Dios vivo?" (Heb 9: 14). El Dios vivo en la persona de Jesús y en el poder del Espíritu ofrece la tan ansiada liberación o la verdadera libertad a la humanidad y toda la creación.

CAPÍTULO 2

La enseñanza y la libertad de expresión

Octavio J. Esqueda

En una ocasión hablé por teléfono con un amigo y cuando le pregunté qué estaba haciendo me dijo que estaba en la sala de su casa leyendo las noticias en el periódico local. En tono de broma le pregunté si había encontrado una buena noticia y me respondió rápidamente con un "no" rotundo. Al parecer las malas noticias salen a luz mientras que las buenas se pierden en el anonimato social. Por esta razón, tristemente es fácil olvidarnos de lo bueno que sucede a nuestro alrededor y enfocarnos solamente en lo negativo.

Sin embargo, también tenemos que reconocer que vivimos en tiempos difíciles. Desgraciadamente vivimos en un mundo bajo pecado en el que la injusticia, el racismo y la desigualdad forman parte de nuestra sociedad y sus efectos son palpables a nuestro alrededor. En estas circunstancias y en medio de unambiente polarizado lo más fácil es permanecer en silencio y evitar involucrarse en estos temas controversiales. De hecho, lamentablemente muchos creyentes y educadores cristianos tienen esta actitud y buscan enfocarse en lo que consideran "espiritual" y hacen a un lado los temas que perciben como "sociales" o "mundanos". En realidad, una teología sana (ortodoxia) sin una práctica sana y adecuada (ortopraxis) no solamente es miope, sino que es pecaminosa como nos lo recuerda Santiago 4:17, "y al que sabe hacer lo bueno, y no lo hace, le es pecado". La fe cristiana y el ministerio del Espíritu Santo deben tener impacto en todas las esferas de la vida y rompen con la dicotomía falsa entre lo sagrado y lo mundano ya que el señorío de Cristo abarca todas las áreas de la vida.

Por lo tanto, el cristiano bajo la unción y guía del Espíritu Santo debe proclamar el mensaje de redención de Cristo para todas las personas y para todas las circunstancias de la vida por más difíciles que parezcan. El mensaje guiado por el Espíritu Santo es profético en medio de las condiciones más adversas. Además, los creyentes también gozan de la libertad de pensamiento y expresión espiritual que les da el Espíritu

Santo. Los cristianos hemos sido liberados del legalismo humano que intenta ganarse el favor divino por méritos propios. Por esto, Cristo ofrece la verdadera libertad de expresión por el beneficio de los demás y personal para crecer en su conocimiento su gracia (Juan 8:36; 2 Pedro 3:18).

Libertad de expresión en defensa y apoyo de los demás

La enseñanza cristiana no debe quedarse callada frente a los problemas que existen a nuestro alrededor. De hecho, el silencio es una muestra clara de una postura indiferente ante las necesidades de los demás. El reverendo Martín Luther King atinadamente expresó en su *Carta desde la cárcel de Birmingham*: "En esta generación nos tendremos que arrepentir so solamente por las palabras y acciones de odio de la gente mala, sino por el terrible silencio de la gente buena".[21] Por lo tanto, los creyentes no podemos mantenernos al margen ante las injusticias. No se puede ser neutrales ante la opresión como bien nos recuerda Desmont Tutu al afirmar que "si te mantienes neutral en situaciones de injusticia, has escogido estar del lado del opresor".[22]

Así que, como educadores cristianos tenemos el llamado a usar nuestra libertad de expresión en defensa y apoyo por los más necesitados. Evidentemente nuestra labor es ser fieles al Señor y a enseñar la palabra de Dios. Al hacerlo así, honramos lo que Dios honra y valoramos lo que Dios valora. Una enseñanza guiada por el Espíritu siempre está centrada en la edificación y bienestar de los demás. Bernard de Clairvaux acertadamente nos muestra la diferencia que marca el enfoque de nuestro aprendizaje: "hay muchos que buscan el conocimiento por el conocimiento mismo: eso es curiosidad. Hay otros que desean saber para, de esa manera, llegar a ser conocidos: eso es vanidad. Pero hay algunos que buscan el conocimiento para poder servir y hacer virtuosos a los demás: eso es amor".[23]

Como líderes cristianos, necesitamos abogar por los más oprimidos y buscar que sus voces sean escuchadas. Por ejemplo, últimamente en los Estados Unidos cientos de historias de abuso sexual y discriminación han circulado por las redes sociales. Muchos actores, comunicadores, líderes y políticos han sido acusados de abusar, acosar o incluso violar sexualmente a personas, en su mayoría mujeres, con total impunidad.

---

[21] Martin Luther King Jr. "Letter from the Birmingham jail." In *Why We Can't Wait*, ed. Martin Luther King, Jr. (Signet Classics, 2000).

[22] Desmont Tutu As quoted in *Unexpected News: Reading the Bible with Third World Eyes* (1984) by Robert McAfee Brown, p. 19

[23] Lewis A. Drummond. *El Amor: Lo más grande del mundo*. (Grand Rapids, MI: Portavoz, 2004), p. 23

Hasta ahora, porque estas acusaciones han hecho que en muchas ocasiones los acusados hayan tenido que renunciar a sus puestos o hayan sido despedidos de ellos. Las voces que por fin se han estado levantando han traído por fin consecuencias tangibles aún después de que han pasado muchos años de que sucedieron los lamentables incidentes.

Para la sociedad en general, pero especialmente para los seguidores de Cristo, es muy importante que por fin reconozcamos las voces de aquellos que claman por justicia, igualdad y dignidad. La Biblia enseña que tanto el hombre como la mujer son creados a la imagen de Dios y que ambos son valiosos y dignos (Gen. 1:27). Dios es el autor de la sexualidad y esta se debe dar en un contexto de intimidad, respeto y amor. Por lo tanto, cualquier actividad que denigre el valor y dignidad de los seres humanos debe ser rechazada, perseguida y castigada.

El abuso de poder es el común denominador de todas las historias de abuso y acoso sexual. Los abusadores, hombres en su mayoría, gozaban de autoridad y poder sobre sus víctimas. Desgraciadamente usaban su poder para amedrentar y abusar de los demás e incluso prohibirles que los delaten. Esta situación continua en la actualidad en todos los ámbitos de la sociedad incluyendo iglesias e instituciones religiosas. Por lo tanto, es urgente que todos revisemos las estructuras de poder y seamos más incluyentes. Se necesita la participación activa de todos en las tomas de decisiones y en todas las esferas de autoridad. Además, es imprescindible que escuchemos las voces de aquellos que confiesan los abusos e injusticias que han recibido y, sobre todo, que les creamos. La actriz Salma Hayek hizo pública por primera vez su lamentable historia de abuso por parte del productor cinematográfico Harvey Weinstein en un artículo en el periódico *New York Times* en donde Hayek nos da un importante mensaje sobre el porqué muchos han abusado de otros y por qué muchas hasta ahora empiezan a contar sus historias. Sus palabras nos recuerdan la importancia de escuchar y abogar por los demás y de que actuemos juntos para que por fin este tipo de historias no se vuelvan a repetir:

> Estoy agradecida con todos los que están escuchando nuestras experiencias. Espero que al agregar mi voz al coro de quienes por fin pudieron hablar ayudaré a entender por qué fue tan difícil hacerlo y por qué tantas de nosotras esperamos tanto tiempo. Los hombres acosan sexualmente porque pueden. Y las mujeres estamos hablando porque, en esta nueva era, por fin podemos hacerlo.[24]

---

[24] Salma Hayek. (https://www.nytimes.com/es/2017/12/13/salma-hayek-harvey-weinstein/).

Por lo tanto, en gran medida nuestra función como educadores cristianos es proclamar el mensaje liberador de Dios para todos aquellos que sufren cualquier tipo de opresión o enfrentan circunstancias difíciles. La enseñanza bíblica es profética cuando habla en nombre de Dios y en este sentido los términos "profecía" y "predicación" son hasta cierto punto paralelos.[25] La voz profética de la enseñanza cristiana trae esperanza, consolación y renuevo en un mundo corrompido por el pecado. Debemos usar nuestra libertad en Cristo para declarar las buenas nuevas del reino de Dios y de esta manera todos podamos recibir la dirección y consolación divina.

Pero es esencial que nuestras palabras sean guiadas por el Espíritu Santo. El mensaje que recibe la unción del Espíritu Santo siempre va de acuerdo con las Sagradas Escrituras. El mismo Espíritu que inspiró a los autores bíblicos es el que nos usa para proclamar las buenas nuevas de Jesús que son una luz que alumbra a un mundo tan necesitado:

> Tenemos también la palabra profética más segura, a la cual hacéis bien en estar atentos como a una antorcha que alumbra en lugar oscuro, hasta que el día esclarezca y el lucero de la mañana salga en vuestros corazones; entendiendo primero esto, que ninguna profecía de la Escritura es de interpretación privada, porque nunca la profecía fue traída por voluntad humana, sino que los santos hombres de Dios hablaron siendo inspirados por el Espíritu Santo (1 Pedro 1:19:21).

En el evangelio de Lucas tenemos dos claros ejemplos de cómo la unción del Espíritu Santo es la que dirige nuestras palabras y acciones. La enseñanza es poderosa cuando recibe la unción del Espíritu Santo. Lucas 1:67-79 menciona la oración de Zacarías cuando su hijo Juan, quien después sería conocido como Juan el bautista, fue presentado en el templo. Las palabras proféticas de Zacarías muestran la bendición divina por el próximo nacimiento del Mesías, por el ministerio que tendría su hijo y porque la gracia de Dios se extiende a todos los seres humanos. También es un modelo de cómo la guía del Espíritu siempre lleva a una vida en obediencia y santidad.

> Y *Zacarías su padre fue lleno del Espíritu Santo*, y profetizó, diciendo:
> Bendito el Señor Dios de Israel,
> Que ha visitado y redimido a su pueblo,
> Y nos levantó un poderoso Salvador
> En la casa de David su siervo,

---

[25] Gonzalez, Justo L., "Prophecy," en *Essential Theological Terms* (Louisville, KY: Westminster John Knox Press, 2005), 142.

Como habló por boca de sus santos profetas que fueron desde el principio;
Salvación de nuestros enemigos, y de la mano de todos los que nos aborrecieron;
Para hacer misericordia con nuestros padres,
Y acordarse de su santo pacto;
Del juramento que hizo a Abraham nuestro padre,
Que nos había de conceder
Que, librados de nuestros enemigos,
Sin temor le *serviríamos*
En santidad y en justicia delante de él, todos nuestros días.
Y tú, niño, profeta del Altísimo serás llamado;
Porque irás delante de la presencia del Señor, para preparar sus caminos;
Para *dar conocimiento* de salvación a su pueblo,
Para perdón de sus pecados,
Por la entrañable misericordia de nuestro Dios,
Con que nos visitó desde lo alto la aurora,
Para dar luz a los que habitan en tinieblas y en sombra de muerte;
Para encaminar nuestros pies por camino de paz. (énfasis mío)

Este himno conocido como el *Benedictus* (por su primera palabra en la traducción latina) es "una grandiosa visión general del cumplimiento de la promesa de salvación y liberación por parte de Dios" en donde ahora "la esperanza de "los santos es su rescate y redención, lo cual les capacita para un consagrado servicio a Dios."[26] La unción del Espíritu produce santidad y un deseo de caminar en la justicia divina y por el camino de paz. Es a través del Espíritu Santo que tenemos la libertad de proclamar las bondades de Dios en beneficio de los demás a pesar de las dificultades presentes.

Simeón y Ana era un hombre y una mujer de gran piedad que tuvieron el privilegio de recibir y bendecir a Jesús cuando de bebé fue presentado en el templo. Lucas 2:25-38 describe la historia de cómo Simeón, un hombre justo y piadoso y Ana, una profetisa de edad avanzada pudieron ver al Mesías que tanto esperaban. Ambos fueron de los primeros que declararon públicamente a Jesús como el Cristo que traería la redención del mundo. Sus palabras y acciones fueron guiadas por el Espíritu Santo. La Biblia nos dice que el Espíritu Santo estaba sobre Simeón (Luc. 2:25) y, por lo tanto, sus palabras eran guiadas por el Espíritu.

---

[26] Darrell L. Bock. *Comentario Bíblico con Aplicación NVI: Lucas* (Miami, FL: Editorial Vida, 2011), 71

> *Y le había sido revelado por el Espíritu Santo*, que no vería la muerte antes que viese al Ungido del Señor. *Y movido por el Espíritu*, vino al templo. Y cuando los padres del niño Jesús lo trajeron al templo, para hacer por él conforme al rito de la ley, él le tomó en sus brazos, y *bendijo a Dios, diciendo*: Ahora, Señor, despides a tu siervo en paz, Conforme a tu palabra; Porque han visto mis ojos tu salvación, La cual has preparado en presencia de todos los pueblos; Luz para revelación a los gentiles, Y gloria de tu pueblo Israel (Luc. 2: 26-32, énfasis mío).

Simeón nos muestra que la unción del Espíritu Santo es la que nos guía a proclamar el mensaje liberador del Señor en un mundo necesitado. La enseñanza guiada por El Espíritu siempre produce frutos de libertad de expresión en beneficio de los demás. La voz profética de aquellos que hacen de Cristo el centro de sus vidas es un bálsamo de esperanza en los oyentes.

Nuestro Señor Jesucristo durante su ministerio de enseñanza también nos muestra que la unción del Espíritu Santo era la base de sus palabras y que su mensaje traía libertad a los oprimidos. Lucas 4:14-15, describe el inicio del ministerio público de Jesús en donde el poder del Espíritu y su enseñanza siempre estuvieron unidos, "Y Jesús *volvió en el poder del Espíritu* a Galilea, y se difundió su fama por toda la tierra de alrededor. Y enseñaba en las sinagogas de ellos, y era glorificado por todos". Por lo tanto, Jesús proclamaba con toda claridad que su llamado era proclamar las buenas nuevas del reino de Dios para todos. Lucas continúa describiendo que Jesús anunció su misión mesiánica en Nazaret, donde se había criado, leyendo en la sinagoga un pasaje de Isaías que claramente describía su misión en esta tierra:

> "El Espíritu del Señor está sobre mí, Por cuanto me ha ungido para dar buenas nuevas a los pobres; Me ha enviado a sanar a los quebrantados de corazón; A pregonar libertad a los cautivos, Y vista a los ciegos; A poner en libertad a los oprimidos; A predicar el año agradable del Señor" (Lucas 4:18-19).

La enseñanza centrada en Cristo y guiada por el Espíritu Santo tiene un mensaje de liberación. Este mensaje recupera la voz y la acción en defensa de los más necesitados y también nos da libertad de expresión y pensamiento.

Libertad de pensamiento y expresión

El Espíritu Santo también nos da la libertad de pensamiento y expresión espiritual. En Cristo, los creyentes recibimos el Espíritu solamente por la gracia de Dios y no por las obras de la ley (Gal. 3:2, 5). Dios nos da la completa libertad de servirlo sin la necesidad de regresar a la esclavitud del legalismo, por más atractivo y piadoso que parezca. El libro de Gálatas presenta un excelente testimonio de la libertad que tenemos en Cristo en el que se demuestra que los creyentes ahora somos llamados a vivir de una manera que refleje la presencia del Espíritu en nuestras vidas a través del sacrificio de Cristo por nosotros: "Estad, pues, firmes en la libertad con que Cristo nos hizo libres, y no estéis otra vez sujetos al yugo de esclavitud" (Gal. 5:1). Por lo que la enseñanza cristiana es un mensaje de libertad para todos, empezando por nosotros mismos.

El cristianismo está basado solamente en el Dios trino y en su obra redentora por la humanidad. El Padre nos ama incondicionalmente y nos acepta como sus hijos (1 Juan 3:1). El Espíritu nos da libertad de vivir libremente (2 Cor. 3:17). Jesucristo como el Señor de la creación y el Señor de nuestra redención nos da una vida nueva juntamente con él (Col. 2:13). Por lo tanto, los cristianos disfrutan de una relación con el Dios trino solamente por la gracia divina. El cristianismo no tiene como fundamento presuposiciones teológicas o leyes ritualistas sino a Dios con quien podemos relacionarnos por la obra redentora de Cristo y la guía del Espíritu Santo.

Sin embargo, la tendencia humana es a restringir y a establecer reglas religiosas para agradar a Dios. De hecho, se puede decir que la religión en general está basada en esfuerzos humanos para complacer a un Dios. Por lo tanto, una consecuencia lógica de cualquier religión es el legalismo. Nuestra fe, sin embargo, no se centra en nosotros o en nuestras acciones, sino en Dios y en lo que ha hecho por nosotros. Por esta razón, la vida y enseñanza cristiana están cimentadas en la libertad de Dios a través de su Espíritu por la obra redentora de Cristo por nosotros.

La tendencia para establecer reglas que regulen la conducta de los creyentes ha estado presente desde los inicios del cristianismo. La gracia de Dios es algo tan sobrenatural que lamentablemente nos cuesta entender y aceptar en nuestras vidas. Es fácil limitar nuestro entendimiento de la vida cristiana a parámetros humanos que podemos controlar y medir. Pero la vida en Cristo está basada en la obra divina y no en nosotros. Al igual que nosotros, los creyentes en la ciudad de Colosas luchaban por conectar su nueva fe con su vida diaria. El apóstol Pablo en la carta a Colosenses 2:16-23 concluye su magistral descripción de la persona y obra de Cristo explicando que en Cristo los creyentes tenemos un nuevo modelo a imitar que va mucho más allá de las prácticas religiosas. Ahora tenemos la libertad de seguir reglas humanas para agradar a Dios:

> Por tanto, nadie os juzgue en comida o en bebida, o en cuanto a días de fiesta, luna nueva o días de reposo, todo lo cual es sombra de lo que ha de venir; pero el cuerpo es de Cristo. Nadie os prive de vuestro premio, afectando humildad y culto a los ángeles, entremetiéndose en lo que no ha visto, vanamente hinchado por su propia mente carnal, y no asiéndose de la Cabeza, en virtud de quien todo el cuerpo, nutriéndose y uniéndose por las coyunturas y ligamentos, crece con el crecimiento que da Dios. Pues si habéis muerto con Cristo en cuanto a los rudimentos del mundo, ¿por qué, como si vivieseis en el mundo, os sometéis a preceptos tales como: No manejes, ni gustes, ni aun toques (en conformidad a mandamientos y doctrinas de hombres), cosas que todas se destruyen con el uso? Tales cosas tienen a la verdad cierta reputación de sabiduría en culto voluntario, en humildad y en duro trato del cuerpo; pero no tienen valor alguno contra los apetitos de la carne.

Dios nos ha dado libertad de las prácticas legalistas y ahora debemos vivir a la luz de la libertad que Cristo nos ha dado. El legalismo enfatiza actos externos, pero Cristo nos ha liberado de los reglamentos del mundo. El legalismo se centra en las acciones, pero el Espíritu Santo cambia los corazones. Los preceptos humanos tienen apariencia de piedad, pero no transforman nuestros deseos carnales para complacer a Dios. Es el Espíritu Santo el único que cambia nuestras vidas y nos libera de todas las ataduras. Por esta razón, solamente la unción del Espíritu de Dios da libertad.

La libertad que tenemos en Cristo va más allá de nuestra conducta. Los creyentes gozamos de la libertad de conciencia para pensar y expresarnos. La enseñanza cristiana libera a los estudiantes para que piensen y busquen la verdad con total libertad. Unidos en la esencia de nuestra fe, cada creyente es libre de explorar ideas y aprender de otros. Tristemente muchos cristianos resaltan más las diferencias secundarias que la esencia del cristianismo. La auténtica enseñanza cristiana aprecia la diversidad del cuerpo de Cristo y las diferentes maneras de actuar del Espíritu Santo en los creyentes.

Antonio del Corro (1527-1591) fue una de las figuras más importantes de la Reforma en España. Fue un fraile Jerónimo que al igual que Casiodoro de Reina y Cipriano de Valera pusieron su fe en la obra redentora de Cristo y por ello fueron perseguidos por la inquisición española. Del Corro sufrió mucha persecución a lo largo de su vida, primero por la inquisición, pero después por otros protestantes que querían que siguiera sus posturas doctrinales. En su carta a los Pastores luteranos de Amberes se refería a las doctrinas secundarias que varios grupos habían elevado al nivel de esenciales como un quinto evangelio al cual había que rechazar. Este rechazo no era porque las enseñanzas no fueran buenas sino porque no tenían la misma autoridad que las Escrituras:

> Hay otros que hacen sus confesiones, catecismos, comentarios y tradiciones como si fueran un quinto Evangelio, y quieren autorizar sus interpretaciones particulares de manera que los ponen al nivel de los artículos de la fe, y se atreven a llamar heréticos a todos los que no siguen exactamente sus imaginaciones: las cuales, aunque fueran buenas y llenas de edificación, son hechas por hombres y, por consiguiente, indignas de ser comparadas con la palabra del Señor.[27]

En la actualidad podemos seguir el ejemplo de Antonio del Corro para distinguir el mensaje de las Escrituras de nuestras opiniones y perspectivas. El Espíritu Santo es el autor divino de la Biblia, la Palabra de Dios y el que enseña, redarguye, corrige e instruye en los caminos divinos (2 Tim. 3:16). El ministerio de enseñanza del Espíritu Santo nos lleva a la verdad de Dios y nos da la libertad de explorar y buscar su guía. ¡Solamente en el Espíritu podemos gozar de libertad verdadera!

Conclusión

Vivimos tiempos difíciles en los que por un lado parecen reinar las dificultades y la falta de esperanza y por el otro la opresión y el legalismo. El Espíritu Santo nos libera de cualquier atadura ya sea personal o social y a través de su unción los educadores cristianos podemos proclamar el mensaje divino de libertad y plenitud. La enseñanza cristiana recupera la voz de los maestros y alumnos y los invita a vivir en completa libertad lejos de los lazos del legalismo humano. El Espíritu Santo nos invita a descansar en Él. La invitación del Espíritu refresca y da vida. En medio de nuestras circunstancias, por más difíciles que parezcan, siempre contamos con las palabras dulces del Espíritu que nos recuerda, "Y el Espíritu y la Esposa dicen: Ven. Y el que oye, diga: Ven. Y el que tiene sed, venga; y el que quiera, tome del

[27] Octavio J. Esqueda "La Reforma Española: La Influencia Protestante en México y Latinoamérica" en *Die, spanische Reformation' Sonderwege reformatorischen Gedankengutes in Spanien und Hispanoamerika* Marina Ortrud M. Hertrampf (ed.) (Frankfurt, Peter Lang, 2017), 285.

CAPÍTULO 3

La enseñanza y la libertad de culto

Robert W. Pazmiño

Al considerar la adoración y, antes de que entremos en la manera en que la enseñanza contribuye a la libertad de culto en la vida, hay que definir la naturaleza de la adoración. La definición de adoración que más me ha intrigado a lo largo de los años ha sido propuesta por el arzobispo William Temple: "Adorar es acelerar la conciencia con la santidad de Dios, alimentar la mente con la verdad de Dios, purgar la imaginación con la belleza de Dios y dedicar la voluntad al propósito de Dios".[28] La definición de Temple sugiere una comprensión integral del ser humano, incluyendo su conciencia, mente, imaginación y su pleno compromiso de relacionarse con Dios su Creador, Redentor y Sustentador en esta vida y la siguiente. Se puede vivir dependiendo conscientemente de Dios, incluso del aliento mismo de la vida; se puede vivir con alegría, sostenidos con sus recursos para la vida abundante en Jesucristo y el poder del Espíritu Santo.

En cuanto a mí, veo que la adoración permite que los participantes glorifiquen y disfruten plenamente a Dios ahora y para siempre, como la Confesión de Westminster sugiere es el fin o propósito principal del ser humano. La enseñanza cristiana fomenta las conexiones explícitas e implícitas entre el aprendizaje de la fe y su relación con la adoración, como lo sugiere Fernando Arzola.[29] La enseñanza contribuye a la glorificación de Dios y al gozo como lo experimentan aquellos que están conscientes del aspecto divino de la adoración, en donde Dios es tanto el

[28] William Temple, *The Hope of a New World* (La esperanza de un nuevo mundo) (Londres: Student Christian Movement Press, 1941), 30.

[29] Fernando Arzola Jr., *Exploring Worship: Catholic, Evangelical and Orthodox Perspectives* (Exploración de la adoración: perspectivas católicas, evangélicas y ortodoxas) (Eugene, OR: Wipf and Stock, 2011), 93 y también véase la discusión de Robert W. Pazmiño, *Foundational Issues in Christian Education*, tercera ed. (Problemas fundamentales de la educación cristiana) (Grand Rapids: Baker Academic, 2008), 51-53 acerca de la educación para la adoración y la educación de adoración sobre las maneras explícitas e implícitas en que ambas están interconectadas.

objeto como el sujeto a través de la instrucción en la fe.[30] En el mejor de los casos nutre nuestra reflexión sobre la gloria de Dios, evidente en la creación, y sus dones en Jesucristo y el Espíritu Santo para renovarla a diario.

Durante mis años de seminarista, desarrollé un modelo de cinco tareas para la comprensión de los propósitos de la educación cristiana, que fue inspirado por el Dr. EV Hill. La adoración aparece al centro (algo que he añadido), que puede ilustrarse como el lanzamiento de la pelota desde el pato en un juego de softball.[31] Los otros cuatro propósitos son la proclamación (primera base), la formación de comunidades (segunda base), el servicio (tercera base) y la defensa (home plate). Para anotar una carrera, las cuatro bases tienen que estar llenas, pero el juego no progresará a menos que el lanzador lance la pelota desde el centro del diamante. Todos los resultados y frutos de la enseñanza cristiana están fundados sobre las conexiones explícitas que los participantes hacen cuando adoran la presencia de Dios en su vida, conscientes de su compañía. Tal conocimiento conduce a la adoración y la alabanza. Debra Dean Murphy asume esta perspectiva en detalle cuando propone que el culto en sí, como la alabanza y la adoración de Dios, es el corazón de la educación cristiana. Murphy sostiene que la educación cristiana comienza y termina con la adoración del Dios trino, quien se ha revelado plenamente en la persona y obra de Jesucristo.[32] Por lo tanto, esta prioridad doxológica, de glorificar a Dios en todo, permite que cumpla su fin u objetivo divino. Los maestros cristianos enfrentan el reto de hacerlo posible dentro de las limitaciones humanas y los factores ambientales de su contexto educativo. A fin de no perder la esperanza, Dios ha provisto la persona y el ministerio del Espíritu Santo como socio de los maestros en la enseñanza. Los ejemplos de Jesús y el apóstol Pablo pueden instruirnos como maestros cristianos.

Jesús y Photini: adorando en Espíritu y verdad

La tradición ortodoxa llama Photini, 'iluminada', a la samaritana del capítulo 4 del Evangelio de Juan. Luego de haberse encontrado con Jesús, el Ungido, se convirtió en la primera evangelista en su aldea y en la tradición de los evangelios. Jesús le enseñó acerca de la adoración:

---

[30] Arzola, 83, tomado de Robert Webber, *Worship Old and New*, Rev ed. (Grand Rapids: Zondervan, 1994) 262.

[31] Robert W. Pazmiño, *Foundational Issues in Christian Education,* Tercera ed. (Grand Rapids: Baker Academic, 2008), 46.

[32] Debra Dean Murphy, *Teaching that Transforms: Worship as the Heart of Christian Education* (Educación que transforma: la adoración al corazón de la educación Cristiana) (Grand Rapids: Brazos, 2004) 113.

> Mas la hora viene, y ahora es, cuando los verdaderos adoradores adorarán al Padre en espíritu y en verdad; porque también el Padre tales adoradores busca que le adoren. Dios es Espíritu; y los que le adoran, en espíritu y en verdad es necesario que adoren (Jn 4: 23-24).

Raymond Brown, erudito en el Nuevo Testamento, comenta con perspicacia que la verdadera adoración involucra al Espíritu de verdad: "El Espíritu es el Espíritu de Jesús y es el Espíritu de Verdad (Juan 14: 17; 15: 26). Dios puede ser adorado como Padre solamente por quienes poseen el Espíritu que los hace hijos de Dios (véase Romanos 8: 15-16), el Espíritu con que Dios engendra desde lo alto (Juan 3: 5)".[33] En la compañía de Jesús, Photini abraza la libertad de ser ella misma y de ser reconocida como era por él y Dios. Esto permitió que viera a Jesús por quien era, es decir, el Ungido, el Mesías. Esta respuesta reflejó la verdad sobre su persona, Dios y la naturaleza de sus relaciones. Photini es libre de adorar genuinamente a Jesús, con quien tuvo un encuentro personal

El Espíritu Santo permite, de igual modo, que reconozcamos nuestra identidad y admitamos nuestras fallas y fortalezas como Photini. El Espíritu Santo llama a la vulnerabilidad y a la integridad. Al estar abierta a un verdadero encuentro con Jesús, le fue dado poder para que compartiera el significado de su nueva fe con aquellos que quizás la despreciaban o al menos la conocían. Ella fue una testigo de gran alcance, una evangelista de Jesús y lo que ofrecía a los samaritanos y a quienes estaban fuera de la comunidad judía.

Jesús cruzó las fronteras de Samaria; cruzó los límites normales de la comunicación entre judíos y samaritanos, mujeres y hombres. Este cruce facilitó un encuentro transformador. Fue guiado por el Espíritu. Photini adoró cuando compartió su descubrimiento con sus vecinos. Nótese la respuesta de los que escucharon su testimonio. La libertad de culto a Dios en la persona de Jesús, adorarlo en Espíritu y en verdad facilitó la liberación de Photini, el que otros samaritanos celebraran su descubrimiento y que su fue fuera sustentada por Jesús, quien decidió quedarse dos días con ellos, que de por sí demuestra un compromiso significativo.

> Y muchos de los samaritanos de aquella ciudad creyeron en él por la palabra de la mujer, que daba testimonio diciendo: Me dijo todo lo que he hecho. Entonces vinieron los samaritanos a él y le rogaron que se quedase con ellos; y se quedó allí dos días. Y creyeron muchos más por

[33] Raymond E. Brown, *The Gospel According to John I-XII* (El Evangelio según Juan I-XIII) (Garden City, NY: Doubleday, 1966), 180.

> la palabra de él, y decían a la mujer: Ya no creemos solamente por tu dicho, porque nosotros mismos hemos oído, y sabemos que verdaderamente éste es el Salvador del mundo, el Cristo (Jn 4: 39-42).

La adoración facilitada por el Espíritu de verdad, el Espíritu de Jesús, liberta a Photini y a todos los samaritanos que se encontraron con Jesús y que, por sí mismos descubrieron que era el Ungido que ofrecía salvación. La libertad de culto permite que escuchemos, veamos y conozcamos la verdad de la persona de Jesús y que a su luz veamos toda la vida. Los samaritanos, evangelizados por Photini y enseñados por Jesús por dos días enteros, adoraron a Dios con el poder del Espíritu de verdad y experimentaron una nueva vida. La enseñanza cristiana puede apoyar la libertad de culto que facilite el que los estudiantes conecten su vida espiritual, personal y comunitaria, tal como fue el caso de Photini. Photini compartió su encuentro espiritual y personal con otras personas, quienes respondieron comunitariamente a la enseñanza de Jesús.

Un patrón similar se discierne en el ministerio de Pablo, mentor de Timoteo y Tito. Es notorio ver sus instrucciones explícitas: "Lo que has oído de mí ante muchos testigos, esto encarga a hombres fieles que sean idóneos para enseñar también a otros" (2 Tim. 2: 2).

Pablo: el Espíritu subyacente en la enseñanza

En el capítulo 8, versículo 32 de Romanos, el apóstol Pablo plantea una pregunta que nos puede dar seguridad: "El que no escatimó ni a su propio Hijo, sino que lo entregó por todos nosotros, ¿cómo no nos dará también con él todas las cosas?" Este *todo* incluye que el Espíritu Santo vino en Pentecostés a capacitar, equipar y mantener el llamado de los maestros cristianos. Pablo le asegura a su aprendiz Timoteo en el capítulo, versículo 7 de 2 Timoteo: "Porque no nos ha dado Dios espíritu de cobardía, sino de poder, de amor y de dominio propio". Otra traducción utiliza la palabra 'autodisciplina' refiriéndose a una 'mente sana'. Tito, otro de sus pupilos, tampoco podía ser tímido en su ministerio de enseñanza a personas de todas las edades, como se describe en Tito, capítulo 2, versículos del 1 al 15. Este pasaje describe la buena administración del hogar guiada por la sabiduría teológica del Espíritu de Dios[34]:

[34] El uso de la Epístola de Tito como una epístola pastoral puede ser problemático para las feministas cristianas y aquellos que con razón se oponen a lo que entienden es un papel limitado para la mujer en esta sección de la Escritura, en comparación con la manera en que Jesús afirma su ministerio en los evangelios. Al usar la Epístola de Tito, reconozco el contexto cultural de mujeres que no tenían acceso a la educación y la prevalencia de los patrones patriarcales. El contexto cultural contemporáneo es diferente y afirmo la participación plena de la mujer en el ministerio de la

> Pero tú habla lo que está de acuerdo con la sana doctrina. Que los ancianos sean sobrios, serios, prudentes, sanos en la fe, en el amor, en la paciencia. Las ancianas asimismo sean reverentes en su porte; no calumniadoras, no esclavas del vino, maestras del bien; que enseñen a las mujeres jóvenes a amar a sus maridos y a sus hijos, a ser prudentes, castas, cuidadosas de su casa, buenas, sujetas a sus maridos, para que la palabra de Dios no sea blasfemada.
>
> Exhorta asimismo a los jóvenes a que sean prudentes; presentándote tú en todo como ejemplo de buenas obras; en la enseñanza mostrando integridad, seriedad, palabra sana e irreprochable, de modo que el adversario se avergüence, y no tenga nada malo que decir de vosotros. Exhorta a los siervos a que se sujeten a sus amos, que agraden en todo, que no sean respondones; no defraudando, sino mostrándose fieles en todo, para que en todo adornen la doctrina de Dios nuestro Salvador.
>
> Porque la gracia de Dios se ha manifestado para salvación a todos los hombres, enseñándonos que, renunciando a la impiedad y a los deseos mundanos, vivamos en este siglo sobria, justa y piadosamente, aguardando la esperanza bienaventurada y la manifestación gloriosa de nuestro gran Dios y Salvador Jesucristo, quien se dio a sí mismo por nosotros para redimirnos de toda iniquidad y purificar para sí un pueblo propio, celoso de buenas obras. Esto habla, y exhorta y reprende con toda autoridad. Nadie te menosprecie.

Los estudiantes de Tito incluyen, sorprendentemente, a esclavos. Su mención requiere nuestra perspectiva histórica, la cual aboga que todas las personas sean libradas de todas las formas de esclavitud, incluso de la trata global que continúa atormentando a la humanidad. Los niños no son mencionados, excepto como el objeto del amor de las mujeres jóvenes. Yo añadiría la necesidad de que los niños reciban el amor de los jóvenes, junto con el de los ancianos y las ancianas miembros de las congregaciones y familias. Como abuelo, celebro el amor mutuo con los nietos, que añade una dimensión de alegría a la vida, como lo sugiere el Salmo 128, versículo 6: "Y veas a los hijos de tus hijos. Paz sea sobre Israel". Educar y amar a los niños es crucial a pesar de los informes constantes de amores fuera de lugar, como el abuso infantil y la negligencia con la complicidad desalentadora en ocasiones del liderazgo de la iglesia. La prevalencia de la esclavitud, el abuso doméstico y de niños en el tercer milenio requieren respuestas de lamento que complementen las experiencias de alegría como temas apropiados para la adoración colectiva. La esclavitud y el abuso son ejemplos de cosas que contristan el Espíritu, como bien son advertidos los maestros: "No

enseñanza en todos los niveles de la iglesia y la sociedad. Véase James D. G. Dunn "The First and Second Letters to Timothy and Titus," in *The New Interpreter's Bible* Volume XI (Nashville: Abingdon, 2000), 868-874.

apaguéis al Espíritu" (1 Ts 5: 19). Que la adoración tenga la voluntad de concientizar y abogar tanto por las víctimas como los perpetradores, honra los propósitos de Dios de terminar los ciclos de opresión y destrucción de la familia humana. El compromiso de los fieles con estos problemas persistentes requiere una guerra espiritual y colaboración con el Espíritu liberador para que la adoración comunitaria continúe durante la semana en sus vidas personales, comunitarias y corporativas.

Con estas salvedades particulares y aplicaciones contemporáneas del pasaje de Tito, afirmamos que la enseñanza es una transmisión de sabiduría para la vida y la formación del carácter al que debe aspirar cada persona. La vida dentro de hogares y congregaciones fieles y familiares requiere una dependencia del Espíritu de Dios. Así, reflejará las virtudes de la fe cristiana en el diario vivir. Toda ella debe glorificar a Dios. Toda la vida debe verse como un acto de adoración.

Estas conexiones entre la fe y la vida requieren la clase de instrucción que se esperaba de Tito. Él debía reconocer las necesidades de las distintas edades, pero sobre todo debía vivirlas. La vivencia de la fe como un acto de adoración honra el papel clave del aprendizaje social, modelado y desarrollado para el sustento de la familia o de la comunidad cristiana. La libertad se hace real en el cumplimiento del diseño de Dios para las relaciones humanas y fieles, las cuales deben ser definidas en cada contexto cultural. La libertad sugiere el lugar del ardor, la pasión y el gozo, pero siempre cobra forma y orden en la vida humana, dada su naturaleza creada. La adoración permite que adquiramos la perspectiva de Dios, el sujeto que ilumina nuestra conciencia, mente, imaginación y voluntad con el ejemplo de Jesús, nuestro Señor, a quien seguimos y bajo la dirección del Espíritu Santo, quien faculta y guía nuestros pasos.

Lo que estos pasajes comparten del Dios trino nos invita a participar en la adoración con reverencia, asombro y admiración. Esta relación se extiende a nuestra vida diaria, por lo que Pablo sugiere: "Si vivimos por el Espíritu, andemos también por el Espíritu por el Espíritu" (Ga 5: 25). La vida en el Espíritu en adoración, con comprensión teológica y sana doctrina, nos llama a que andemos en el Espíritu en nuestro hogar, dejándolo que guíe nuestras interacciones y relaciones públicas. En la vida hispana, lo cotidiano (o la vida cotidiana) emerge como el elemento central de la manera en que la llenura del Espíritu maneja los problemas diarios, como Pablo le instruye a Tito. Tito sugiere directrices para la vida diaria de la familia de la fe.

Implicaciones para la enseñanza

La obra de María Harris es instructiva para la exploración de la libertad de culto en la enseñanza, mientras se discierne una danza con el Espíritu. Harris se basa en la obra de Michele Russell, quien ha identificado los siete principios metodológicos críticos de la enseñanza:

1. Aborde un tema a la vez
2. Fomente la narración
3. Dele valor político a la vida diaria
4. Que sea posible hablar en lenguas
5. Use todo
6. Sea concreto
7. Tenga un sueño[35]

Estos principios permiten que el Espíritu obre y hable por medio de los participantes y profesores, ayudándonos a explorar sus implicaciones para el contexto de nuestra vida. Así, se equilibran los ideales con las realidades en un ritmo creativo. Este ritmo es semejante a la respiración que nos mantiene vivos en abundancia. El Espíritu sopla en nuestros cuerpos para que seamos espíritus vivos. El vivir en el Espíritu constantemente requiere que estemos al tanto de su lógica, como se ve en las investigaciones de James Loder.

Loder y el tema del Espíritu

James Loder investigó el proceso de la transformación espiritual y sugirió cinco pasos que caracterizan esta experiencia. La libertad de culto en la enseñanza posibilita la transformación espiritual. Los cinco pasos sirven de guías porque invitan a la posibilidad de ser transformados por el Espíritu de Dios.[36] Desde la perspectiva cristiana, puede entenderse como la obra del Espíritu Santo sobre los espíritus, corazones y vidas de las personas del tercer milenio. Desde la perspectiva de la teología cristiana, es aplicable tanto a la educación cristiana como a la educación general. También, a la educación en otras tradiciones religiosas a través de la operación de la gracia común y la revelación general como un aspecto de la plenitud de Dios, que es la plenitud abundante de la gracia

---

[35] Maria Harris, *Women and Teaching* (Mujeres y la enseñanza) (Nueva York: Paulist Press, 1988), 65

[36] Véase James E. Loder, *The Logic of the Spirit: Human Development in Theological Perspective* (La lógica del Espíritu: el desarrollo humano desde la perspectiva teológica) (San Francisco: Jossey-Bass, 1998), y su trabajo más temprano James E. Loder, *The Transforming Moment: Understanding Convictional Experiences,* 2nd ed. (El momento de la transformación: experiencias de convicción) (Colorado Springs: Helmers & Howard, 1989), 3-4.

de Dios.[37] Esto afirma la gracia y la revelación especial que los cristianos celebran en Jesucristo y el ministerio constante del Espíritu. Además, afirma la universalidad del Cristo cósmico, la obra del Espíritu en la creación, manifestando la bondad de Dios de muchas maneras.[38] La enseñanza cristiana puede abrazar la particularidad del evangelio cristiano y sus implicaciones universales para el bien común de la creación. En términos teológicos, la afirmación del pacto creador como el redentor para los profesores cristianos del tercer milenio, en el contexto posmoderno, es posible gracias a la venida del Espíritu Santo en Pentecostés. Los avances posmodernos invitan a la teología cristiana a que se involucre de lleno en las realidades públicas de la creación de Dios e interactúe con cristianos y no cristianos en la búsqueda de la verdad que preocupa a la educación en general y a la educación religiosa en particular.[39] El trabajo de Loder en el proceso de transformación espiritual ofrece una información detallada para los maestros cristianos, estableciendo vínculos con la obra de otros educadores religiosos, quienes están comprometidos con el proceso de la educación transformadora.

Los cinco pasos de la transformación de acuerdo con Loder

Los cinco pasos de Loder son los siguientes: el conflicto en su contexto; interludio para la exploración; una idea sentida con fuerza intuitiva; desprendimiento y rediseño; e interpretación y verificación. Cada uno de estos pasos pudiera estar relacionado con la enseñanza, como he discutido en *Fundamentos de la enseñanza cristiana*.[40] En resumen, sugiero que, en la primera etapa (el conflicto en contexto), el profesor invite a la transformación por medio de preguntas y problemas. Como observó Abraham Heschel, "la religión comienza con una pregunta y la teología comienza con un problema".[41] Atraer a las personas exige su participación en el proceso de la investigación crítica y la búsqueda de la verdad, una pregunta o problema pueden lograr la interacción necesaria. ¿Nos invita el Espíritu a considerar lo que viene después? Esta primera etapa también, requiere ser sensible al contexto

---

[37] Véase S. Mark Heim, The *Depth of the Riches: A Trinitarian Theology of Religious Ends* (Grand Rapids: Eerdmans, 2000), 123-296 para una discusión sobre la plenitud de la gracia de Dios.

[38] Véase mi discusión sobre pluralismo religioso en *By What Authority...* (Eugene, Ore.: Wipf and Stock, 2002), 119-46.

[39] Pazmiño, *God Our Teacher*, 161-72.

[40] Older, *Transforming Moment*, 3-4. He discutido la relación entre cada uno de estos pasos y la enseñanza en Robert W. Pazmiño, *Basics of Teaching for Christians: Preparation, Instruction, and Evaluation* (Eugene, Ore.: Wipf and Stock, 2002), 61-62.

[41] Reuven Kimelman, "Abraham Joshua Heschel: Our Generation's Teacher in Honor of the Tenth Yahrzeit," *Religion and Intellectual Life* 2 (Winter 1985): 17.

actual y amplio de la gente y la manera en que vinculan sus valores con sus vidas. Los conflictos no se evitan en la primera etapa, sino que se toman con cuidado por lo que puedan ofrecer. El conflicto puede darle cabida a la obra del Espíritu.

El segundo paso fomenta un espacio seguro y hospitalario para la exploración de las opciones viables. Se presupone la apertura a nuevas perspectivas y posibilidades que no habían sido consideradas y ocasionadas por la pregunta o el problema planteado. Se atienden y responde a nuevas voces. Se asume que habrá receptividad y apertura a una transformación que acoja la imaginación espiritual. ¿Podemos explorar qué nuevos destinos el Espíritu nos invita a tener en cuenta?

El tercer paso de entendimiento que se siente con fuerza intuitiva involucra la obra de la gracia de Dios en las personas. Para los cristianos, honra a la persona y obra del Espíritu Santo quien colabora con los espíritus de los profesores y estudiantes dentro del ambiente educativo. La sabiduría se discierne o descubre y mueve el corazón, el alma y el cuerpo, además de la mente, con el regalo inmerecido de una idea profunda. Esta idea introspectiva es un regalo del Espíritu Santo. La mirada afuera también, complementa la visión de ver al resto del mundo a través de los ojos del Espíritu o desde la perspectiva de Dios, a la luz de la creación, la redención y la consumación.

La cuarta etapa de desprendimiento y rediseño apoya la integración de las nuevas ideas en el marco de la perspectiva del mundo y la vida de cada persona, con la apropiación integral de la verdad. A medida que el nuevo tesoro es sacado del almacén de la plenitud de Dios, se adquiere una nueva perspectiva y mayor aprecio del viejo tesoro (Mt 13: 52). Se requiere discernimiento espiritual para equilibrar lo viejo y lo nuevo, de tal manera que promueva el crecimiento, en lugar de la distorsión.

El quinto paso de la interpretación y verificación permite el intercambio y la difusión más amplia de la sabiduría adquirida con una de varias relaciones y asociaciones personales. Aquí está el testimonio de lo que el Espíritu de Dios ha logrado en la vida de los individuos, las comunidades y la sociedad en general. El final de este proceso es la nueva vida, en términos espirituales, que trae la integración, plenitud y santidad. Las Escrituras la presentan en términos del *Shalom* que Dios quiere para la creación y la humanidad.

Los pasos de Loder proporcionan ideas y sugerencias, en vez de un programa rígido de la obra del Espíritu Santo, quien se complace en sorprendernos en la experiencia humana. Estos pasos aconsejan al maestro a que esté abierto a la persona y la obra del Espíritu Santo en la rutina ordinaria de la enseñanza y el aprendizaje. También, debe ser flexible para que el Espíritu de Dios trabaje en el espíritu de cada persona, tanto dentro como fuera de los tiempos establecidos para la instrucción. Tiene que honrar la enseñanza y el aprendizaje que se da entre los participantes, pues a veces aprenden más mediante sus interacciones y diálogos con sus pares. Cuando los maestros cultivan la transformación espiritual en asociación con el Espíritu, honran la libertad de culto en su enseñanza y el aprendizaje que pretenden fomentar en sus estudiantes. La teología nos habla sobre el papel clave que la adoración tiene en toda la vida, que incluye nuestra vida educativa en comunidad.

Aspectos teológicos a tener en cuenta

Miroslav Volf sugiere que "la clave de nuestra verdadera identidad humana es nuestra comunión con Dios a través del Espíritu".[42] La adoración proporciona la actividad especial que nutre esa comunión y también, fortalece el resto de las actividades de la vida, incluyendo la enseñanza. Volf elabora:

> Sin duda, los cristianos deben adorar a Dios con toda su existencia, incluyendo el trabajo (véase Rm 12). Mientras sirven a Dios a través de su trabajo, están adorándolo. Pero, Dios no los creó simplemente para que fueran siervos, sino, sobre todo, para que sean hijos y amigos. Así, de la misma manera en que deben hacer su voluntad, también, necesitan disfrutar de su presencia. Con el fin de ser lo que son verdaderamente, necesitan momentos periódicos en los cuales los mandatos de Dios y sus tareas desaparezcan de su conciencia inmediata, para que Dios esté con ellos y ellos con Dios, para adorarlo en su santidad amorosa y darle gracias y orar al Dios del amor santo… Es la unión del ser humano con el Hijo de Dios en el Espíritu (véase 1 Co 1: 9). Pablo describe esta unión con metáforas que ponen de relieve su naturaleza más íntima, como «a beber» del Espíritu (1 Co 12:13). Cuando los cristianos están en comunión con Dios en adoración, beben de esa fuente su propia vida y, por consiguiente, su identidad como seres humanos depende de esto. Al mismo tiempo, en adoración anticipan el disfrute de Dios en la nueva creación donde morarán en comunidad con el Dios trino y el Dios trino habitará en ellos (véase Ap 21: 22; Jn 17: 21).[43]

La enseñanza vinculada con la adoración y que fomenta la libertad de culto, promueve una identidad cristiana como hijos de Dios, seguidores y discípulos de Jesucristo y compañeros del Espíritu Santo, tanto en esta vida como en la futura. En este capítulo se hace hincapié en que la enseñanza incrementa la comunión con Dios a través del Espíritu y

---

[42] Miroslav Volf, *Work in the Spirit* (New York: Oxford University Press, 1991), 136.
[43] Ibid., 137.

permite que los participantes disfruten de una mayor libertad. La enseñanza cristiana, como lo sugiere el arzobispo Temple, puede acelerar la conciencia, la mente, la imaginación y la voluntad con todas las maravillas de Dios en cooperación con el Espíritu Santo. ¡Qué maravilla!

CAPÍTULO 4

La enseñanza y la libertad de la necesidad

Robert W. Pazmiño

La libertad de la necesidad plantea los problemas de la pobreza y el hambre en la escala mundial y la respuesta de las personas de fe. La interrogante sobre la suficiencia de recursos para hacer frente a las necesidades mundiales, nacionales, regionales y locales se cierne en relación con las necesidades reales de las personas en cuanto se distinguen de las necesidades promovidas por una cultura de materialismo y consumismo. Una liberación de la miseria hace referencia a las necesidades humanas básicas de alimentación, agua potable, ropa y refugio y el acceso correspondiente a los servicios médicos, educativos, legales, de seguridad y recursos profesionales necesarios para mantener la vida. La sostenibilidad de los niveles actuales de consumo mundial de los recursos básicos plantea la cuestión de administración de la creación de Dios y la distribución equitativa de los recursos para las generaciones venideras. El valor nativo de América del norte considera el legado dejado por siete generaciones por venir a la luz de las políticas y prácticas actuales. La aparición de las teologías con conciencia ecológica en las comunidades cristianas promueve la interacción entre preguntas de fe y la manera en que vemos la creación y su cuidado a la luz de una crisis ecológica global. Algunos le dan poca importancia a la crisis a pesar de la abrumadora evidencia científica que apoya las realidades de los cambios climáticos y del aumento del nivel del mar los que contribuyen a los desastres naturales recientes, como el huracán de arena que devastó las zonas costeras de Nueva York y Nueva Jersey, donde yo y mi esposa estábamos de visita en el verano de 2012.

FDR en su discurso "Las Cuatro Libertades" ofrecido en 1941 a la nación americana. propuso una "libertad de la necesidad para todo el mundo en todas partes del mundo", lo que fue y sigue siendo una meta elevada. La labor de las Naciones Unidas en términos de los ocho importantes objetivos de desarrollo proporciona una mayor especificidad que las naciones de todo el mundo han tratado de abordar y trabajar teniendo en cuenta que el cambio requiere la cooperación y la colaboración de una amplia variedad de naciones y grupos.

Los 17 objetivos de desarrollo sostenible para el año 2030 son los siguientes y merecen una consideración y compromiso que los cristianos deben tener en cuenta:

- Objetivo 1. Poner fin a la pobreza en todas sus formas y en todo el mundo
- Objetivo 2. Poner fin al hambre, lograr la seguridad alimentaria y la mejora de la nutrición y promover la agricultura sostenible
- Objetivo 3. Garantizar una vida sana y promover el bienestar de todos a todas las edades
- Objetivo 4. Garantizar una educación inclusiva y equitativa de calidad y promover oportunidades de aprendizaje permanente para todos
- Objetivo 5. Lograr la igualdad de género y empoderar a todas las mujeres y las niñas
- Objetivo 6. Garantizar la disponibilidad y la gestión sostenible del agua y el saneamiento para todos
- Objetivo 7. Garantizar el acceso a una energía asequible, fiable, sostenible y moderna para todos
- Objetivo 8. Promover el crecimiento económico sostenido, inclusivo y sostenible, el empleo pleno y productivo y el trabajo decente para todos
- Objetivo 9. Construir infraestructuras resilientes, promover la industrialización inclusiva y sostenible y fomentar la innovación
- Objetivo 10. Reducir la desigualdad en los países y entre ellos
- Objetivo 11. Lograr que las ciudades y los asentamientos humanos sean inclusivos, seguros, resilientes y sostenibles
- Objetivo 12. Garantizar modalidades de consumo y producción sostenibles
- Objetivo 13. Adoptar medidas urgentes para combatir el cambio climático y sus efectos
- Objetivo 14. Conservar y utilizar sosteniblemente los océanos, los mares y los recursos marinos para el desarrollo sostenible
- Objetivo 15. Proteger, restablecer y promover el uso sostenible de los ecosistemas terrestres, gestionar sosteniblemente los bosques, luchar contra la desertificación, detener e invertir la degradación de las tierras y detener la pérdida de biodiversidad
- Objetivo 16. Promover sociedades pacíficas e inclusivas para el desarrollo sostenible, facilitar el acceso a la justicia para todos y construir a todos los niveles instituciones eficaces e inclusivas que rindan cuentas

Objetivo 17. Fortalecer los medios de implementación y revitalizar la Alianza Mundial para el Desarrollo Sostenible

Tal esfuerzo sugiere la necesidad de cooperación y colaboración ecuménica, e interreligiosa dada la profundidad del sufrimiento humano y la necesidad a nivel mundial.

Mi viaje a América Latina durante un sabático de nueve meses con mi familia me permitió ver los desafíos nacionales y mundiales en una luz totalmente nueva a través de la evaluación del impacto de las políticas internacionales en la vida de las personas y familias en América Central.[44] Una discusión bíblica sobre la pobreza proporciona una perspectiva sobre las respuestas cristianas. A través del Antiguo y Nuevo Testamento de la Biblia cristiana descubrimos que se hace mención de los pobres y las realidades de la pobreza a menudo en relación con la preocupación de Dios por la justicia y la rectitud en los asuntos humanos que muy a menudo no es la experiencia de los que están marginados en las comunidades. Consideremos la visión del salmista que anhelaba un momento en que "La misericordia y la verdad se encontraron; La justicia y la paz se besaron" (Sal 85: 10). Cuando la justicia y la paz se abrazan o se besan, bendiciones son compartidos con toda la humanidad y con toda la creación que anhela un tiempo, así como Pablo explica en el capítulo 8, versículos del 18 al 30 de Romanos:

> Pues tengo por cierto que las aflicciones del tiempo presente no son comparables con la gloria venidera que en nosotros ha de manifestarse. Porque el anhelo ardiente de la creación es el aguardar la manifestación de los hijos de Dios. Porque la creación fue sujetada a vanidad, no por su propia voluntad, sino por causa del que la sujetó en esperanza; porque también la creación misma será libertada de la esclavitud de corrupción, a la libertad gloriosa de los hijos de Dios.
>
> Porque sabemos que toda la creación gime a una, y a una está con dolores de parto hasta ahora; y no sólo ella, sino que también nosotros mismos, que tenemos las primicias del Espíritu, nosotros también gemimos dentro de nosotros mismos, esperando la adopción, la redención de nuestro cuerpo.
>
> Porque en esperanza fuimos salvos; pero la esperanza que se ve, no es esperanza; porque lo que alguno ve, ¿a qué esperarlo? Pero si esperamos lo que no vemos, con paciencia lo aguardamos. Y de igual manera el Espíritu nos ayuda en nuestra debilidad; pues qué hemos de pedir como conviene, no lo sabemos, pero el Espíritu mismo intercede por nosotros con gemidos indecibles.

[44] Robert W. Pazmiño, *Latin American Journey: Insights for Christian Education in North America* (Cleveland: United Church Press, 1994).

> Mas el que escudriña los corazones sabe cuál es la intención del Espíritu, porque conforme a la voluntad de Dios intercede por los santos. Y sabemos que a los que aman a Dios, todas las cosas les ayudan a bien, esto es, a los que conforme a su propósito son llamados. Porque a los que antes conoció, también los predestinó para que fuesen hechos conformes a la imagen de su Hijo, para que él sea el primogénito entre muchos hermanos. Y a los que predestinó, a éstos también llamó; y a los que llamó, a éstos también justificó; y a los que justificó, a éstos también glorificó.

El ministerio de intercesión del Espíritu sostiene a los cristianos en sus llamados ya que confiamos que ellos esperan en "la redención de nuestros cuerpos". ¿Qué pasa con la condición actual de los cuerpos, no sólo de los cristianos, sino de todos en el mundo, a la luz de esta futura gloria y la presencia de los pobres que están siempre con nosotros (Juan 12: 8)?

¿Por qué les debe preocupar la "libertad de la necesidad" a los cristianos, mientras esperan una futura gloria asegurada por el Espíritu de Dios? La responsabilidad social de los seguidores de Jesús merece más explicación si los maestros cristianos han de enseñarle a sus estudiantes en esta área del ministerio social. Pablo instruyó a Timoteo sobre el cuidado de otros: "porque si alguno no provee para los suyos, y mayormente para los de su casa, ha negado la fe, y es peor que un incrédulo" (1 Tm 5: 8). Pero ¿qué pasa con los incrédulos se pudiera preguntar? ¿Ameritan ellos el cuidado y la preocupación de los creyentes por sus cuerpos, así como sus almas? Gálatas 6:10 sugiere un compromiso social más amplio: "Así que, según tengamos oportunidad, hagamos bien a todos, y mayormente a los de la familia de la fe". El "todo" aquí abarca a toda la humanidad y está apoyado por nuestro concepto de antropológico teológico, esto es, nuestra comprensión de que todos los seres humanos son creados a imagen de Dios. El Pacto de Lausana describe la doctrina del hombre o de las personas de esta manera: "Debido a la dignidad inherente de cada persona hecha a la imagen de Dios, cada uno debe ser respetado y servido y querido (Lev 19:18; Lucas 6:27, 35) y no explotado".[45] Esta concepción bíblica fundamental permite una respuesta a todas las formas de opresión como el racismo, el sexismo y los prejuicios sociales que niegan el valor y la dignidad de las personas hechas a imagen de Dios. La opresión sistemática limita el acceso de recursos a determinadas personas y grupos en base a sus diferencias. Insultar a las personas en estas formas y negar

---

[45] John Stott, *The Lausanne Covenant: An Exposition and Commentary* (Minneapolis: World Wide Publications, 1975), 27

sus necesidades básicas es "blasfemar a Dios" (Santiago 3:9, 10).[46] El problema de las diferencias es que son vistas como deficiencias en la cultura más amplia de los Estados Unidos con patrones históricos perpetuando el prejuicio, poder y privilegios para aquellos percibidos como "los de adentro" y excluyendo a "los de afuera" o forasteros.[47]

En honor a las voces de los pobres, los marginados y oprimidos conocidos como los *anawin* es esencial darle la bienvenida a todos a la mesa metafórica de la enseñanza que sigue el ejemplo de Jesús. Los *anawin* son aquellos que son pobres, humildes, o débiles ante Dios y ante los demás y que a menudo representan extraños en nuestras comunidades. En virtud de nuestra naturaleza creada con el pecado y el sufrimiento, todas las personas pueden verse a sí mismos en algún momento de su vida como uno de los anawim. Sin embargo, algunos a causa de las fuerzas sistémicas del racismo, el sexismo, el clasismo, la discriminación por edad y una serie de opresiones, experimentan este estado a diario. En relación con las fuerzas sociales y estructurales más amplios de la opresión, los maestros cristianos están llamados a participar de una guerra espiritual que reprende en el nombre de Jesús a los principados y poderes que oprimen. (Ef 6: 10-20) Ninguna persona debe permanecer a un lado de la mesa física y metafórica y excluidos de la fiesta en la que compartimos por invitación de Jesús. Así como se oró por el regalo de los panes y los peces y se dio gracias y fueron multiplicados sobrando doce cestas en la alimentación de personas que padecían hambre (Mt 12: 13-21; Mc 6: 30-44; Lc 9: 10-17; Jn 6: 1-14), de igual modo los maestros cristianos tienen que defender el acceso completo a la enseñanza y otros recursos disponibles para ellos y distribuidos desigualmente en muchas comunidades. El maestro cristiano está llamado a estar atento a los marginados y al ministerio en todas las áreas de la vida extendiendo el amor de Dios en Cristo de manera concreta. Los descubrimientos de Gustavo Gutiérrez en el trabajo con los pobres son útiles en la comprensión de cómo se puede hacer esto. José Miguez Bonino resumió los descubrimientos de Gutiérrez:

> Descubrí tres cosas. Descubrí que la pobreza era una cosa destructiva, algo que hay que combatir y destruir, no simplemente algo que sea el objeto de nuestra caridad. En segundo lugar, descubrí que la pobreza no fue accidental. El hecho de que estas personas son pobres y no ricas no es una cuestión de azar, sino el resultado de una estructura. Era una

---

[46] Ibid.

[47] Véase la discusión sobre personas de adentro y afuera en el ministerio educativo de Jesús en Robert W. Pazmiño, *So What Makes Our Teaching Christian?: Teaching in the Name, Spirit, and Power of Jesus* (Eugene, Ore.: Wipf and Stock, 2008), 95-106.

> cuestión estructural. En tercer lugar, descubrí que los pobres eran una clase social. Cuando descubrí que la pobreza es algo que hay que combatir, que la pobreza es estructural, y que los pobres eran una clase social, se hizo claro que, con el fin de servir a los pobres, uno tiene que pasar a la acción política.[48]

La acción política puede ser un medio para abordar el amor y la preocupación de Jesús por los pobres de manera concreta como se ejemplifica en sus ministerios terrenales de la alimentación y la sanidad.

Dos obras históricas clave del siglo pasado que plantean el problema de la necesidad o la pobreza para los protestantes y evangélicos, en particular, fueron *Cristianos ricos en una época de hambre* (1977) por Ronald J. Sider y *La conspiración de la semilla de mostaza* (1981) de Tom Sine.[49] Estas obras documentan con claridad la preocupación persistente de Dios por los pobres en las Escrituras y el vacío existente en las vidas diarias o prácticas de los cristianos. En los Estados Unidos, una voz profética persistente en relación con la comunidad protestante ha sido la de Jim Wallis y el ministerio *Sojourners*. El legado de Dorothy Day y el movimiento del Trabajador Católico ha sido una voz constante en la comunidad católica. Todas estas voces han fomentado que se recupere el legado y las enseñanzas de Jesús en relación a los pobres y como honrar la libertad de la necesidad entre los más pequeñitos como hermanos y hermanas alrededor del mundo que luchan a diario por sobrevivir. La preocupación de Jesús por los pobres y marginados es evidente en su enseñanza.

El quinto y último bloque de la enseñanza o la unidad del Evangelio según San Mateo esboza la enseñanza de Jesús acerca del juicio de las naciones en relación con su respuesta a la necesidad humana:

> Cuando el Hijo del Hombre venga en su gloria, y todos los santos ángeles con él, entonces se sentará en su trono de gloria, y serán reunidas delante de él todas las naciones; y apartará los unos de los otros, como aparta el pastor las ovejas de los cabritos. Y pondrá las ovejas a su derecha, y los cabritos a su izquierda.
> Entonces el Rey dirá a los de su derecha: Venid, benditos de mi Padre, heredad el reino preparado para vosotros desde la fundación del mundo. Porque tuve hambre, y me disteis de comer; tuve sed, y me disteis de

[48] José Miguez Bonino, "Afirmación de José Miguez Bonino," en *Theology in the Americas*, editado por Sergio Torres y John Eagleson (Maryknoll, N. Y.: Orbis, 1976), 278.

[49] Véase Ronald J. Sider, *Rich Christians in an Age of Hunger: A Biblical Study* (Downers Grove, Ill.: InterVarsity Press, 1977); y Tom Sine, *The Mustard Seed Conspiracy* (Waco, Tex.: Word Books, 1981).

> beber; fui forastero, y me recogisteis; estuve desnudo, y me cubristeis; enfermo, y me visitasteis; en la cárcel, y vinisteis a mí.
> Entonces los justos le responderán diciendo: Señor, ¿cuándo te vimos hambriento, y te sustentamos, o sediento, y te dimos de beber? ¿Y cuándo te vimos forastero, y te recogimos, o desnudo, y te cubrimos? ¿O cuándo te vimos enfermo, o en la cárcel, y vinimos a ti?
> Y respondiendo el Rey, les dirá: De cierto os digo que en cuanto lo hicisteis a uno de estos mis hermanos más pequeños, a mí lo hicisteis.
> Entonces dirá también a los de la izquierda: Apartaos de mí, malditos, al fuego eterno preparado para el diablo y sus ángeles. Porque tuve hambre, y no me disteis de comer; tuve sed, y no me disteis de beber; fui forastero, y no me recogisteis; estuve desnudo, y no me cubristeis; enfermo, y en la cárcel, y no me visitasteis.
> Entonces también ellos le responderán diciendo: Señor, ¿cuándo te vimos hambriento, sediento, forastero, desnudo, enfermo, o en la cárcel, y no te servimos? Entonces les responderá diciendo: De cierto os digo que en cuanto no lo hicisteis a uno de estos más pequeños, tampoco a mí lo hicisteis. E irán éstos al castigo eterno, y los justos a la vida eterna (Mateo 25:31-46).

El escenario plantea desafíos a los que no les prestan atención a las preocupaciones sociales de la agenda cristiana y hacen caso omiso de la extensión de la pobreza y la necesidad que aqueja a las personas alrededor del mundo. Los maestros, por lo menos, deben crear conciencia en sus estudiantes sobre el alcance y las causas de la pobreza y la marginación humana. Un enfoque de la educación cristiana identificado como "Hacer la Palabra" propone una secuencia de cuatro partes del aprendizaje para hacer frente a las necesidades sociales incluyendo la sensibilización, análisis, acción y reflexión.[50] En una secuencia similar, la tradición social católica propuso la secuencia de ver, juzgar y actuar para poder mover a una audiencia cristiana a responder a las condiciones sociales desesperadas que aquejan a la humanidad. El amor de Dios (el primer gran mandamiento) impulsa a los cristianos a amar a sus vecinos de forma concreta y visible (el segundo gran mandamiento) en la obediencia a todo lo que el mismo Jesús mando, enseñó y vivió en su ministerio terrenal (Mateo 28: 20). Su ejemplo de cuidar y sanar a los anawin plantea un desafío para los enfoques exclusivamente individualistas que no tienen en cuenta la estructura social más amplia de la vida.

[50] Véase Sara Little, *To Set One's Heart: Belief and Teaching in the Church* (Atlanta: John Knox, 1983), 80-81; y Charles R. McCollough, *Morality of Power: A Notebook on Christian Education for Social Change* (New York: United Church Press, 1977), 11-18.

Asuntos políticos y equidad educativa

Abordar la libertad de la necesidad a nivel mundial, nacional y local implica involucrarse en la vida política. Una exploración de la teología política es importante, aunque algunos sugieren que es sospechosa en relación con la vida espiritual. Si los cristianos tomar en serio las implicaciones de la creación como dotada por el Espíritu como Señor y dador de la vida, entonces el sustento de la vida requiere un compromiso con las realidades políticas en este mundo. Siguiendo a Aristóteles, la política puede ser vista como el arte de mantener a las personas verdaderamente humanas y desde una perspectiva espiritual, verdaderamente humanas de acuerdo a como Dios quiso desde la creación hasta la consumación. Jim Wallis en sus escritos es lo suficientemente audaz como para considerar la arena de la política de Dios, como otros han considerado la política de Jesús en sus escritos.[51] Para los efectos de este texto, las preguntas que se pueden plantear son: ¿Hay una política del Espíritu Santo? Si es así, ¿que caracteriza a la política del Espíritu?

La declaración más explícita de la política del Espíritu podría encontrarse en la propia enseñanza de Jesús en el inicio de su ministerio en la sinagoga de Nazaret:

> El Espíritu del Señor está sobre mí,
> Por cuanto me ha ungido para dar buenas nuevas a los pobres;
> Me ha enviado a sanar a los quebrantados de corazón;
> A pregonar libertad a los cautivos,
> Y vista a los ciegos;
> A poner en libertad a los oprimidos;
> A predicar el año agradable del Señor (Luc 4: 18-19).

La atención dada a las necesidades reales de los pobres, los cautivos, los ciegos y los oprimidos en el ministerio de Jesús está conectada con la unción del Espíritu y demostrada en el cuidado y el trabajo de Jesús con una gran variedad de personas que tuvieron un encuentro con él. Aquí él está citando Isaías 61: 1-2; y 58: 6 con una visión de la liberación de Dios para la humanidad y la verdadera adoración de hacer justicia que es lo que Dios espera. La conexión davídica del legado de Jesús justifica su

---

[51] Jim Wallis, *God's Politics: Why the Right Gets It Wrong and the Left Doesn't Get It* (San Francisco: Harper San Francisco, 2005) and John H. Yoder, *The Politics of Jesus: Vicit Agnus Noster* (Grand Rapids: Eerdmans, 1972).

adopción de las implicaciones políticas de su enseñanza ungida en acuerdo con lo que el salmista anhela en cuanto a los deberes del rey:

> Oh Dios, da tus juicios al rey,
> Y tu justicia al hijo del rey.
> El juzgará a tu pueblo con justicia,
> Y a tus afligidos con juicio.
> Los montes llevarán paz al pueblo,
> Y los collados justicia.
> Juzgará a los afligidos del pueblo,
> Salvará a los hijos del menesteroso,
> Y aplastará al opresor (Sal 72: 1-4).

Si Jesús sirve como profeta, sacerdote y rey de los cristianos de hoy, entonces el currículo de enseñanza del Espíritu en el ministerio de Jesús tiene importancia para aquellos que siguen a Jesús como sus discípulos. El reto está en cómo esto se hace real para los maestros cristianos en sus comunidades y en los asuntos de la vida diaria. Las medidas políticas, estructuras y prácticas de los cristianos requieren del diálogo, la interpretación y la civilidad al confrontar diferencias en afiliación y práctica política entre los creyentes y entre los ciudadanos por igual en cualquier órgano político. El cuerpo político influye en gran medida en cómo se practica la educación y quién tiene acceso a los recursos educativos largo de su vida. El patrón de privilegio en relación con el acceso a los recursos educativos indica claramente las desigualdades.[52] En cuanto a la liberación de la miseria, el problema de la equidad educativa emerge para los cristianos en los Estados Unidos y en el mundo.

La equidad educativa se puede definir en términos de acceso a los recursos educativos, el respeto por las diferencias, el espacio de ser oído, la presencia de modelos apropiados y el poder y la autoridad compartidos en todos los niveles de los programas educativos en proporción representativa.[53]

> Tal definición de la equidad es un ideal que requiere la expresión del amor en el ámbito social de nuestras vidas. El amor en el ámbito social encarna la justicia junto con la preocupación por la justicia en todas las relaciones humanas. Amar a las personas en el ámbito público y social es requiere abordar las condiciones que impiden una vida justa y

[52] Véase como ejemplo, Jonathan Kozol, *Savage Inequalities: Children in America's Schools* (New York: Crown, 1991).
[53] Robert W. Pazmiño, *Latin American Journey: Insights for Christian Education in North America* (Cleveland: United Church Press, 1994), 84, 117.

> equitativa para todos los hijos de Dios. El amor implica preocuparse lo suficiente como para hacer frente a los patrones de exclusión e injusticia que históricamente han afectado a las instituciones y las estructuras educativas. El impacto del racismo, el sexismo, el clasismo y otras formas de opresión han devastado las oportunidades de educación y experiencias de demasiadas personas y grupos. La respuesta amorosa a estas realidades nos llama a entender que una de las tareas de la enseñanza es hacer frente a los destructores de la vida. Estos destructores se manifiestan en diferentes formas que requieren el ejercicio espiritual para hacer una diferencia concreta para el "bien común" (1 Co 12, 7). Los maestros están llamados a amar y preocuparse lo suficiente como para hablar y actuar.[54]

Los maestros crean un espacio donde la imaginación educativa y espiritual se nutren para explorar alternativas que cumplan con las intenciones de Dios y la política de Jesús como se proclama en la sinagoga Nazarena. Los frutos de la enseñanza con unción discutidos en este trabajo identifican la liberación, celebración, sustento y justicia como frutos con dimensiones políticas y dignos de la atención, apoyo y defensa de los maestros cristianos. Tales frutos tienen implicaciones directas para las obras de justicia, rectitud y consolidación de la paz en la vida humana, tanto de este lado y el otro lado del cielo.[55]

Abraham Heschel ofrece algunas advertencias útiles en cualquier discusión de "la necesidad" dado el impacto del consumismo y el materialismo evidente en la sociedad global y los asuntos políticos:

> La mención de las necesidades genuinas o reales, en comparación con las necesidades sentidas es crucial. El educador judío Abraham Heschel hizo esto explícito en su advertencia sobre la "tiranía de las necesidades" que puede afectar las percepciones contemporáneas.[56] Al utilizar este término, Heschel se refirió al desarrollo cultural mediante el cual las necesidades sentidas se hacen sagradas a la exclusión de las demandas de Dios y las responsabilidades humanas. Los deseos propulsados por idolatrías y excesos de consumismo se igualan a las necesidades resultando en el descuido de las necesidades de la creación. Las necesidades identificadas en la típica panificación educativa

---

[54] Robert W. Pazmiño, *So What Makes Our Teaching Christian: Teaching in the Name, Spirit and Power of Jesus* (Eugene, Ore.: Wipf and Stock, 2008), 38-39.

[55] Véase Ellen Ott Marshall, ed. *Choosing Peace Through Daily Practices* (Cleveland: Pilgrim, 2005). Este libro incluye un capitulo por Elizabeth Conde-Frazier titulado, "A Spiritual Journey toward Peaceful Living: From Hospitality to Shalom," 158-185.

[56] Abraham J. Heschel, *Between God and Man: An Interpretation of Judaism from the Writings of Abraham Heschel*, ed. Fritz Rothschild (New York: Free Press, 1959), 129-51. También véase, Victor Gross, *Educating to Reverence: The Legacy of Abraham Heschel* (Bristol, Ind.: Wyndham Hall, 1989).

requieren discernimiento espiritual para mantener la fidelidad a el legado de Jesús y su Espíritu.[57]

Vale la pena prestar atención a las advertencias de Heschel mientras se honra su legado de confrontar la injusticia y la opresión racial y de llamar a cuentas a los líderes religiosos por sus acciones o por su falta de acciones. La distribución y redistribución de los recursos fue evidente en los primeros seguidores de Jesús, como se señala en el siguiente relato del Libro de los Hechos:

> Al oír *esto*, compungidos de corazón, dijeron a Pedro y a los demás apóstoles: Hermanos, ¿qué haremos? Y Pedro les *dijo*: Arrepentíos y sed bautizados cada uno de vosotros en el nombre de Jesucristo para perdón de vuestros pecados, y recibiréis el don del Espíritu Santo. Porque la promesa es para vosotros y *para* vuestros hijos y para todos los que están lejos, *para* tantos como el Señor nuestro Dios llame. Y con muchas otras palabras testificaba solemnemente y les exhortaba diciendo: Sed salvos de esta perversa generación. Entonces los que habían recibido su palabra fueron bautizados; y se añadieron aquel día como tres mil almas. Y se dedicaban continuamente a las enseñanzas de los apóstoles, a la comunión, al partimiento del pan y a la oración.
> Sobrevino temor a toda persona; y muchos prodigios y señales eran hechas por los apóstoles. Todos los que habían creído estaban juntos y tenían todas las cosas en común; vendían todas sus propiedades y sus bienes y los compartían con todos, según la necesidad de cada uno. Día tras día continuaban unánimes en el templo y partiendo el pan en los hogares, comían juntos con alegría y sencillez de corazón, alabando a Dios y hallando favor con todo el pueblo. Y el Señor añadía cada día al número de ellos los que iban siendo salvos. (Hechos 2:37-47)

El libro de los Hechos puede ser identificado como el Evangelio del Espíritu con el Espíritu Santo como el agente primario que trae una nueva vida a los seguidores de Jesús después de su muerte, resurrección y ascensión.[58] La descripción en el capítulo dos sugiere un ideal de vida en común, pero esto fue puesto a prueba pronto con la división y la discordia como se describe en el caso de Ananías y Safira en Hechos 5 y el conflicto entre griegos y hebreos en Hechos 6. Sin embargo, el compromiso de atender la liberación de la necesidad es notable en este primer contexto del siglo:

---

[57] Pazmiño, *So What*, 80.

[58] Justo L. González, *Acts; The Gospel of the Spirit* (Maryknoll, NY: Orbis, 2001).

> La congregación de los que creyeron era de un corazón y un alma; y ninguno decía ser suyo lo que poseía, sino que todas las cosas eran de propiedad común. Con gran poder los apóstoles daban testimonio de la resurrección del Señor Jesús, y abundante gracia había sobre todos ellos. No había, pues, ningún necesitado entre ellos, porque todos los que poseían tierras o casas las vendían, traían el precio de lo vendido, y lo depositaban a los pies de los apóstoles, y se distribuía a cada uno según su necesidad.
> Y José, un levita natural de Chipre, a quien también los apóstoles llamaban Bernabé (que traducido significa hijo de consolación), poseía un campo y *lo* vendió, y trajo el dinero y *lo* depositó a los pies de los apóstoles (Hechos 4:32-37)

El compromiso comunitario encontró su expresión en una teología operativa de renuncia a las posesiones para satisfacer las verdaderas necesidades sociales. El ministerio social fue abrazado por los seguidores del Camino de Jesús. Este ministerio fue a nivel comunal y la traducción de estos compromisos a grandes cuerpos y prácticas políticas, representa un desafío permanente en los asuntos humanos y políticos. La voluntad de compartir las posesiones requiere del trabajo del Espíritu Santo en los corazones humanos y del apoyo sistémico para la redistribución. Dada su egocéntrica visión del mundo, los niños preescolares en algunos casos pueden ser desafiados a compartir sus posesiones. Pero también pueden ser extraordinariamente generosos. Cuando el egocentrismo se convierte en el patrón de vida dentro de una cultura narcisista, los adultos y jóvenes también de compartir con su prójimo a quien Jesús define como cualquier persona en necesidad en la parábola del buen samaritano (Lucas 10: 25-37).

El compartir las posesiones se convierte en un reto para todas las personas en todo el espectro socioeconómico, en especial para a aquellos de nosotros que somos privilegiados en la escala global y ricos por las normas del mundo. Las palabras de Jesús al joven rico en Lucas 18: 18-30 son aplicables a nosotros hoy:

> Y cierto *hombre* prominente le preguntó, diciendo: Maestro bueno, ¿qué haré para heredar la vida eterna? Jesús le respondió: ¿Por qué me llamas bueno? Nadie es bueno, sino sólo uno, Dios. Tú sabes los mandamientos: "No cometas adulterio, No mates, No hurtes, No des falso testimonio, Honra a tu padre y a tu madre." Y él dijo: Todo esto lo he guardado desde *mi* juventud. Cuando Jesús oyó *esto*, le dijo: Te falta todavía una cosa; vende todo lo que tienes y reparte entre los pobres, y tendrás tesoro en los cielos; y ven, sígueme. Pero al oír esto, se puso muy triste, pues era sumamente rico. Mirándolo Jesús, dijo: ¡Qué difícil es que entren en el reino de Dios los que tienen riquezas! Porque es más

fácil que un camello pase por el ojo de una aguja, que el que un rico entre en el reino de Dios. Los que oyeron *esto*, dijeron: ¿Y quién podrá salvarse? Y El respondió: Lo imposible para los hombres, es posible para Dios. Y Pedro dijo: He aquí, nosotros lo hemos dejado todo y te hemos seguido. Entonces Él les dijo: En verdad os digo: no hay nadie que haya dejado casa, o mujer, o hermanos, o padres o hijos por la causa del reino de Dios, que no reciba muchas veces más en este tiempo, y en el siglo venidero, la vida eterna.

El joven rico se entristeció con las implicaciones de la enseñanza de Jesús para su vida y el desafío para los cristianos ricos persiste en la actualidad a la luz de la situación de los pobres en todo el mundo. La libertad de la necesidad que FDR propuso en su discurso "cuatro libertades" exige la administración de los recursos globales en contra de los patrones persistentes de adquisición apoyados por una cultura de consumismo y materialismo prominente en los Estados Unidos y adoptada a nivel mundial a través del mercadeo y los medios de comunicación que sirven como educadores primarios para los niños, jóvenes y adultos. Por lo tanto, la obra del Espíritu hacia la libertad de la necesidad requiere una postura contracultural. En este caso Jesús puede servir como el libertador de nuestras dependencias, los cuales nos atan al igual que al rico, y que nos llama a abrazar un espíritu de renuncia.[59] Para que los maestros cristianos traten con nuestros estudiantes la libertad de vivir sin penuria, las ideas del Salmista son aplicables:

Restitúyeme el gozo de tu salvación,
y sostenme con un espíritu de poder.
Entonces enseñaré a los transgresores tus caminos,
y los pecadores se convertirán a ti (Salmo 51: 12-13).

Reconocer el pecado común de adquisición y materialismo requiere que el Espíritu Santo hable con nuestros espíritus humanos resultando en nuestro arrepentimiento y la restauración de la alegría de dar y servir incluso hasta el punto del sacrificio. Pero Carol Hess Lakey hace una advertencia en relación al sacrificio; ella señala que "el orgullo no siempre es pecado y que el auto-sacrificio a veces lo es" porque "el auto-desarrollo es un deber más alto que el auto-sacrificio".[60] El orgullo no siempre es un pecado especialmente para aquellos marginados ya que el

---

[59] Alan R. Rudnick, "Lessons from a Donkey," in *Lent; Christian Reflection* (Waco, TX: The Center for Christian Ethics at Baylor University, 2013), 76

[60] Carol Lakey Hess, *Caretakers of Our Common House: Women's Development in Communities of Faith* (Cuidadores de nuestra casa común: el desarrollo de las mujeres en las comunidades de fe) (Nashville: Abingdon, 1997), 38.

auto-sacrificio ha sido demasiado a menudo una expectativa sobre las mujeres y las niñas en las diversas culturas dado el sexismo y los patrones patriarcales. También es importante tener en cuenta que la pobreza y la necesidad en realidad son mayores para las mujeres y los niños en el esquema global de la asignación de recursos. La enseñanza y la libertad de la necesidad nos convocan a tomar una postura profética subversiva en la enseñanza cristiana, postura que fue iniciada por Jesús en Nazaret y transmitida a sus seguidores.

CAPÍTULO 5

La enseñanza y la libertad del temor

Octavio J. Esqueda

La vida es complicada. Si ponemos atención al mundo que nos rodea, fácilmente nos damos cuenta de las circunstancias difíciles con las que mucha gente se enfrenta en la actualidad. Esta generación ahora vive en la era del terrorismo con todas las implicaciones y consecuencias trágicas que esto ocasiona a nuestra sociedad como la constante seguridad en los aeropuertos y en los lugares públicos. La esfera política mundial está constantemente moviéndose hacia los extremos ya que muchas personas cada vez se encuentran más desilusionadas con las perspectivas y políticos tradicionales. Las tensiones raciales continúan acrecentándose constantemente en nuestra sociedad. A pesar de que ahora contamos con la mejor tecnología médica en la historia de la humanidad, enfermedades como el cáncer siguen afectando a millones de personas alrededor del mundo. Por lo tanto, es fácil identificarse con las palabras de Elie Wiesel, ganador del premio Nobel de la Paz en 1986, que dijo: "Cuando veo lo que sucede en el mundo no veo otra cosa que no sea desesperanza Y aun así yo debo, todos debemos, tratar de encontrar una fuente de esperanza. Debemos creer en los seres humanos a pesar de los seres humanos".[61] La vida es un constante encuentro con expectativas no cumplidas las cuales dejan a muchas personas en una silenciosa desolación y ansiedad.

En este clima de temor y angustia, tener esperanza es esencial para todos nosotros. Una expresión popular enfatiza la importancia de la esperanza de la siguiente manera: "los seres humanos pueden vivir cuarenta días sin comida, cuatro días sin agua y cuatro minutos sin aire. Pero no pueden vivir cuatro segundos sin esperanza."[62] Para tener libertad del temor se necesita esperanza, pero esta confianza va mucho

---

[61] Robert Franciosi (ed.), *Elie Wiesel: Conversations* (Jackson, MS.: University Press of Mississippi, 2002), 146.

[62] Andy Crouch, "The Gospel of Steve Jobs." *Christianity Today*, January 21, 2011. Accesado mayo 18, 2017. http://www.christianitytoday.com/ct/2011/januaryweb-only/gospelstevejobs.html?start=2

más allá de esperar lo mejor o tener una actitud positiva ante la vida. Se requiere una fuente de confianza, un cimiento que garantice que se cumplan nuestras expectativas positivas. Por esta razón, Jürgen Moltmann en su famoso libro *La teología de la esperanza* acertadamente afirma "la esperanza no es nada más que la expectativa de aquellas cosas que por fe creemos han sido de verdad prometidas por Dios".[63]

Dios es el fundamento de nuestra esperanza y el único que nos ofrece completa libertad del temor. La esperanza es una virtud esencial de la fe cristiana junto con la fe y el amor y juntas proveen dirección a todos los creyentes (1 Cor. 13:13). El Espíritu Santo con su poder es el que dirige y sostiene a todos los cristianos en su fe en el Dios de esperanza, "Y el Dios de esperanza os llene de todo gozo y paz en el creer, para que abundéis en esperanza por el poder del Espíritu Santo" (Rom. 15:13). La esperanza y la libertad del temor son elementos esenciales de la obra del Espíritu Santo en la enseñanza con unción.

A través del Señor Jesucristo, Dios ofrece paz, gracia y esperanza (Rom. 5:1-2). La esperanza divina no avergüenza "porque el amor de Dios ha sido derramado en nuestros corazones por el Espíritu Santo que nos fue dado" (Rom. 5:5). Por el poder que nos da el Espíritu Santo podemos enfrentar las dificultades con la confianza que Dios nos acompaña y en su momento nos librará de ellas. De esta manera, la enseñanza con unción tiene un enfoque esencialmente escatológico que conforta tanto a los alumnos como a los maestros. Brian Dailey ofrece una clara definición de la escatología que nos ayuda a entender su importancia para la vida cristiana y para la enseñanza con unción: "La escatología es la esperanza de los creyentes de que la imperfección de su experiencia presente con Dios será resuelta, su sed presente por Dios será satisfecha, su presente necesidad por libertad y salvación será satisfecha".[64] Dios a través de su Espíritu nos sostiene mientras esperamos sin temor en el presente con completa libertad que sabemos llegará.

En el Antiguo Testamento encontramos dos ejemplos de creyentes que enfrentaron muchas dificultades las cuales afectaron completamente sus vidas y la sociedad en la que vivían. Las circunstancias que describen de alguna manera son similares a las que vivimos en la actualidad, pero también fueron mucho peor porque enfrentaron el castigo de Dios a su

---

[63] Jürgen Moltman, *Theology of Hope: On the Ground and the Implications of a Christian Eschatology* (Minneapolis: MN.: Fortress Press, 1993), 20.
[64] Brian Daley, *The Hope of the Early Church: A Handbook of Patristic Eschatology* (Grand Rapids: Baker Academic, 1991), 1.

pueblo que había violado su pacto y cometido adulterio espiritual.[65] Como líderes y personas de fe, Isaías y Habacuc nos dan un modelo de las circunstancias y el mensaje que los profesores que desean enseñar con unción deberían considerar imitar en sus ministerios.

Isaías

El profeta Isaías, cuyo nombre significa "el Señor es salvación", ministró en el reino de Judá al sur de Israel después de que el reino de Israel fue derrotado por Asiria.[66] Isaías ministró durante los reinos de los reyes Uzías (790-739 a.C.), Jotam (750-733 a.C.), Acaz (735-715 a.C.) y Ezequías (729-686) a.C.), todos ellos reyes de Judá (1:1). El libro de Isaías tiene 66 capítulos divididos en dos secciones principales. De esta manera, es muy similar a la Biblia que también tiene 66 libros divididos en dos grandes secciones, el Antiguo Testamento y el Nuevo Testamento. En la primera sección, los capítulos 1-39 de Isaías enfatizan la majestad y el juico de Dios a Judá, a sus naciones vecinas, y a toda la tierra. En la segunda sección, los capítulos 40-66, Isaías se enfoca en la singularidad y eternidad de Dios y en liberación de su pueblo.[67]

Isaías 40 hace una descripción vívida del Dios de la esperanza. Este capítulo ofrece un importante marco de referencia que los maestros cristianos pueden seguir para comprender el poder de Dios para cumplir sus promesas de liberación y para animar al pueblo de Dios que enfrenta circunstancias difíciles en sus vidas. Mark Boda da una buena explicación acerca del contexto del inicio de este pasaje: "El estado de ánimo de la segunda parte del libro de Isaías se establece desde el inicio de la sección en Isaías 40:1-2 en donde el profeta es comisionado dentro del concilio celestial para consolar a la comunidad que sufrió el cumplimiento del anuncio de juicio a Ezequías en Isaías 39".[68]

> Consolaos, consolaos, pueblo mío, dice vuestro Dios.
> Hablad al corazón de Jerusalén; decidle a voces que su tiempo es ya cumplido, que su pecado es perdonado; que doble ha recibido de la mano de Jehová por todos sus pecados.

---

[65] Para más discusión sobre este tema consulte Raymond C. Ortlund Jr., *'God's Unfaithful Wife: A Biblical Theology of Spiritual Adultery*. New Studies in Biblical Theology 2, (Downers Grove, IL.: IVP Academic, 1996).

[66] Charles Dyer and Eugene Merrill, *Old Testament Explorer: Discovering the Essence, Background, and meaning of Every Book in the Old Testament*. Swindoll Leadership Library. (Nashville, TN.: Word Publishing, 2001), 523.

[67] Dyer, 524

[68] Mark J. Boda, *'Return to Me.' A Biblical Theology of Repentance*. New Studies in Biblical Theology 35. (Downers Grove, IL.: IVP Academic, 2015), 70.

En los versículos 3-5 Isaías anuncia que el mensaje de Dios trasciende a las dificultades. A pesar de que la presente realidad parezca precaria, la gloria de Dios será revelada de una manera que será evidente para todos. Podemos confiar en Dios porque siempre cumple sus promesas. Los versículos 6-11 declaran que la palabra de Dios es el fundamento de nuestra fe. La vida y experiencia de las personas son temporales, pero "la palabra del Dios nuestro permanece para siempre" (v.8).

Podemos confiar en las promesas de Dios cuando enfrentamos dificultades. Sin embargo, algunas veces estas promesas parecen estar distantes de nuestra realidad presente debido a la magnitud de nuestros problemas. El pueblo de Dios en ese tiempo había perdido todo; el templo había sido destruido y ellos vivían en el exilio. Isaías les recuerda que pueden confiar en la palabra de Dios porque la base de nuestra fe es un Dios quien siempre puede honrar sus promesas sin importar las circunstancias. Por lo tanto, los versículos restantes en Isaías 40 se enfocan en el Dios quien es superior a cualquier tipo de oposición.[69]

El pueblo de Dios se encontraba bajo el dominio de una de las naciones más poderosas del mundo en ese tiempo. Era normal que dudaran de la promesa divina de liberación y en los versículos 12-17 Isaías les recuerda que Dios es superior a toda oposición humana porque él es el Dios creador del universo. Hay cuatro preguntas retóricas en los versículos 12-14 que sirven para demostrar la sabiduría y el poder absolutos de Dios:

> ¿Quién midió las aguas con el hueco de su mano y los cielos con su palmo, con tres dedos juntó el polvo de la tierra, y pesó los montes con balanza y con pesas los collados? ¿Quién enseñó al Espíritu de Jehová, o le aconsejó enseñándole? ¿A quién pidió consejo para ser avisado? ¿Quién le enseñó el camino del juicio, o le enseñó ciencia, o le mostró la senda de la prudencia?

La conclusión a estas preguntas en los versículos 15-17 enfatizan que no existe ni siquiera una comparación en el poder combinado de las naciones con el poder de Dios. De hecho, la omnipotencia y la grandeza de Dios hace que todas las naciones parezcan ser vanas y menos que nada:

> He aquí que las naciones le son como la gota de agua que cae del cubo, y como menudo polvo en las balanzas le son estimadas; he aquí que hace desaparecer las islas como polvo.

[69] The general outline of this section comes from Dyer, 563-564

> Ni el Líbano bastará para el fuego, ni todos sus animales para el sacrificio.
> Como nada son todas las naciones delante de él; y en su comparación serán estimadas en menos que nada, y que lo que no es.

El pueblo de Dios se encontraba rodeado de naciones politeístas por lo que Isaías les recuerda en los versículos 18-20 que solamente su Dios era el Dios verdadero. Los artesanos crean todos los ídolos, pero nadie puede crear o incluso representar la grandeza del único y auténtico Dios. Nuestro Dios trino es superior a toda la oposición espiritual y podemos descansar y confiar en él.

> ¿A qué, pues, haréis semejante a Dios, o qué imagen le compondréis?
> El artífice prepara la imagen de talla, el platero le extiende el oro y le funde cadenas de plata.
> El pobre escoge, para ofrecerle, madera que no se apolille; se busca un maestro sabio, que le haga una imagen de talla que no se mueva.

Todos los reyes y gobernantes del mundo disfrutan de su poder y autoridad por un periodo corto de tiempo. Incluso los grandes imperios y líderes políticos desaparecen con el tiempo, pero nuestro Dios es extraordinario y su dominio es incomparable. No hay ser humano e incluso toda la humanidad junta puede resistirse a los designios de Dios. En los versículos 21-24, Isaías hace nuevamente cuatro preguntas retóricas y concluye que nuestra confianza en Dios es segura porque nadie puede retar su autoridad:

> ¿No sabéis? ¿No habéis oído? ¿Nunca os lo han dicho desde el principio? ¿No habéis sido enseñados desde que la tierra se fundó?
> Él está sentado sobre el círculo de la tierra, cuyos moradores son como langostas; él extiende los cielos como una cortina, los despliega como una tienda para morar.
> El convierte en nada a los poderosos, y a los que gobiernan la tierra hace como cosa vana.
> Como si nunca hubieran sido plantados, como si nunca hubieran sido sembrados, como si nunca su tronco hubiera tenido raíz en la tierra; tan pronto como sopla en ellos se secan, y el torbellino los lleva como hojarasca.

Cuando nos enfrentamos con dificultades tenemos la tendencia a ver nuestros problemas como si fueran tan grandes que no tienen solución. En estas circunstancias necesitamos tener la perspectiva adecuada de nuestra situación en comparación con la vastedad del universo. Cuando contemplamos las estrellas durante la noche nos podemos dar cuenta fácilmente de lo pequeño que somos. Isaías nos recuerda en los versículos 25-26 que el Dios del universo no solamente creó todas las estrellas, sino que las llama por su nombre. Tenemos la libertad del temor cuando descansamos en la grandeza y poderío de Dios.

> ¿A qué, pues, me haréis semejante o me compararéis? dice el Santo.
> Levantad en alto vuestros ojos, y mirad quién creó estas cosas; él saca y cuenta su ejército; a todas llama por sus nombres; ninguna faltará; tal es la grandeza de su fuerza, y el poder de su dominio.

Nuestro Dios es a la misma vez poderos y cercano. Es omnisciente, eterno y omnipotente ya la misma vez es un Dios personal que conoce nuestras necesidades y se preocupa por nosotros. El pueblo de Israel dudaba que Dios se preocupara por sus problemas, pero Isaías declara en los versículos 27-28 que a pesar de que dudemos o cuestionemos a Dios, él siempre está presente con nosotros y siempre está al cuidado de nuestras necesidades.

> ¿Por qué dices, oh Jacob, y hablas tú, Israel: Mi camino está escondido de Jehová, y de mi Dios pasó mi juicio?
> ¿No has sabido, no has oído que el Dios eterno es Jehová, el cual creó los confines de la tierra? No desfallece, ni se fatiga con cansancio, y su entendimiento no hay quien lo alcance.

La conclusión de este capítulo en los versículos 29-31 nos da una aplicación que todos los creyentes podemos poner en práctica en momentos de problemas y tribulaciones. El Dios de esperanza fortalece a aquellos que confían en él y nos sostiene en medio de todas las circunstancias. Cuando nos enfocamos solamente en nuestros problemas es natural que nos desanimemos, pero cuando nuestro enfoque principal es el Señor somos liberados del temor mientras esperamos en él:

> El da esfuerzo al cansado, y multiplica las fuerzas al que no tiene ningunas.
> Los muchachos se fatigan y se cansan, los jóvenes flaquean y caen;
> pero los que esperan a Jehová tendrán nuevas fuerzas; levantarán alas como las águilas; correrán, y no se cansarán; caminarán, y no se fatigarán.

Isaías 40 nos recuerda que podemos confiar en las promesas de Dios y que el Dios de esperanza siempre cumple lo que promete. La soberanía del Dios del universo que no tiene competencia es un tema central en

Isaías.[70] En la actualidad, el Espíritu Santo nos sostiene y nos libera del temor en medio de un mundo incierto a medida que descansamos con confianza en el Dios de esperanza. En El Antiguo Testamento también encontramos otro ejemplo que nos guía a confiar en Dios en medio de las dificultades.

Habacuc

En el Antiguo Testamento, el profeta Habacuc nos enseña también que Dios está siempre en control sin importar cómo se encuentren las circunstancias a nuestro alrededor. Podemos encontrar paz al saber que la soberanía de Dios nos libera del temor aun en medio del castigo divino. Podemos confiar en el Dios del universo y, por lo tanto, podemos animar a nuestros estudiantes en nuestros diferentes ministerios de enseñanza.

Habacuc fue un profeta en Judea, el reino del sur, después de la caída de Nínive en el año 612 a.C. y antes de la primera invasión babilónica a Judea en agosto del año 605 a.C. Ese era un tiempo de tiranía y caos social; las personas estaban bajo opresión; el pueblo de Dios pecaba abiertamente y la idolatría se practicaba extensamente.[71]

El libro de Habacuc tiene tres capítulos que siguen una estructura sencilla. Habacuc empieza este pequeño libro con una queja; Dios le responde. Habacuc se queja otra vez y Dios le responde nuevamente. El libro termina con un salmo de alabanza que describe de una manera poética el compromiso de Habacuc para continuar confiando en el Señor quien tiene el control sobre todas las cosas.

Los primeros cuatro versículos del capítulo uno describen la primera protesta de Habacuc en contra de Dios. De hecho, la palabra profecía al inicio del libro pudiera traducirse como "carga". Habacuc enfrenta una crisis en su fe porque no puede entender por qué Dios no hace algo en contra de las maldades que su pueblo comete como lo había claramente prometido con anterioridad. Habacuc sabe que el Dios santo no puede tolerar el pecado, pero el pueblo de Dios estaba pecando sin control y aparentemente Dios no estaba cumpliendo sus promesas. En medio de estas circunstancias, Habacuc le reclama a Dios, "¿Hasta cuándo, oh Jehová, clamaré, y no oirás; y daré voces a ti a causa de la violencia, y no salvarás?" (v.2). A través de su pregunta, Habacuc nos representa a todos nosotros quienes tenemos la tendencia a cuestionar la sabiduría de Dios cuando nuestra teología parece no ser congruente con nuestra realidad.

---

[70] Richard L. Schultz, "Isaiah, Book of" in Kevin J. Vanhoozer (Ed.) *Dictionary for Theological Interpretation of the Bible*. (Grand Rapids, MI.: Baker Academic, 2005), 340.

[71] Algunas de las ideas de Habacuc fueron desarrolladas en el artículo "Dios está en control" del Talbot Good Book Blog https://www.biola.edu/blogs/good-book-blog/2013/dios-esta-en-control

Dios le responde a Habacuc en los versículos 1:5-11 en donde declara que no es indiferente a la situación, sino que en realidad ya se está actuando para disciplinar a su pueblo por las maldades que cometen. Dios estaba preparando a los Caldeos para castigar los pecados de su pueblo. Los Caldeos eran era el imperio babilónico establecido por el rey Nabopolasar y engrandecido por Nabucodonosor. Los babilonios eran una poderosa nación que tenía fama por su crueldad. Dios siempre actúa incluso cuando nos parece que no hace nada o es indiferente.

Sin embargo, para Habacuc la solución de Dios parece peor que el problema. ¿Cómo es posible que Dios use a una nación vil y despiadada para disciplinar a su pueblo? A partir del versículo 1:12 Habacuc lucha por entender la inconsistencia aparente entre su teología y su realidad presente. Habacuc no puede comprender los propósitos divinos. Todos podemos apreciar su honestidad y en muchas ocasiones podemos identificarnos con sus sentimientos. Pero, a pesar de su conflicto interno para entender la voluntad de Dios, Habacuc espera pacientemente por la respuesta divina (2:1). Dios es omnisciente y en los momentos difíciles lo mejor que podemos hacer es buscar su rostro y confiar en él. Podemos descansar en su perfecta voluntad aun cuando no podamos comprenderla o incluso cuestionemos su tiempo de actuar.

Dios en su gracia responde nuevamente a la pregunta de Habacuc en los versículos 2-20 del capítulo dos. Dios pide que un mensajero lea la visión y se apresure a compartir las noticias. Los planes divinos se cumplirán aun cuando pareciera se están retrasando. Por lo tanto, el versículo cuatro resume la manera adecuada en la que podemos relacionarnos con Dios, "más el justo por su fe vivirá". Sin fe es imposible agradar a Dios (Heb. 11:1). Nuestra fe en el poderoso y amoroso Dios del universo nos sostiene en tiempos de temor y dificultades.

Dios cumple su promesa de castigar la maldad y la injusticia. La expresión "ay" denota condena y sufrimiento por apartarse de Dios y sus caminos. Cinco *ayes* son pronunciados por Dios específicamente contra los Caldeos, pero generalmente contra aquellos que le dan la espalda al Creador.

1. Ay contra los que a la fuerza toman lo que no es suyo (2:6-8).
2. Ay contra los que buscan su seguridad sólo en sus defensas físicas (2:9-11).
3. Ay contra los que practican la tiranía y la opresión (2:12-13).
4. Ay contra los oportunistas (2:15-17).
5. Ay contra los idólatras (2:18-19).

En medio de esas expresiones de juicio, Dios da dos promesas: la tierra será llena del conocimiento de Dios (v.4) y el Señor está en su santo templo (v.20). Dios está en control a pesar de las nubes de duda, nuestras inseguridades y aflicciones Como Dios es el soberano gobernador del universo, la tierra debe callar ante su presencia. Dios le recuerda a Habacuc y, a nosotros, que Él está a cargo de lo que sucede y que sus planes se cumplirán. Habacuc "aprendió que debe continuar creyendo y confiando en las promesas del Señor a pesar lo que pueda enfrentar en sus propias circunstancias y situaciones".[72] Por lo tanto, al igual que Habacuc, podemos disfrutar ser libres del temor en la mediad que confiamos en Dios.

Habacuc concluye su libro con una oración de alabanza al Dios en el que se puede confiar completamente. El capítulo tres es un salmo que refleja la majestad de Dios (3-15) y la confianza que el ser humano puede tener en la majestad del Señor (16-19). Habacuc "podía gozarse en Dios en medio de las adversidades y dificultades porque Dios da la fortaleza y estabilidad necesarias para soportar los días inciertos que se avecinan".[73] Nosotros también junto a Habacuc podemos descansar en el Dios que salva y que sirve de refugio. En un ambiente de temor y desamparo, podemos descansar en el Dios que tiene el completo control de todas las circunstancias. Podemos confiar totalmente en nuestro Señor.

El Espíritu Santo que nos libera de nuestro temor

En Jesucristo, nuestra relación con Dios el Padre a través del Espíritu Santo se vuelve íntima y personal. En Cristo y con la guía del Espíritu Santo disfrutamos el privilegio de ser hijos de Dios. El apóstol Pablo elocuentemente describe esta importante realidad en Romanos 8:12-17:

> Así que, hermanos, deudores somos, no a la carne, para que vivamos conforme a la carne; porque si vivís conforme a la carne, moriréis; mas si por el Espíritu hacéis morir las obras de la carne, viviréis. Porque todos los que son guiados por el Espíritu de Dios, éstos son hijos de Dios. Pues no habéis recibido el espíritu de esclavitud para estar otra vez en temor, sino que habéis recibido el espíritu de adopción, por el cual clamamos: ¡Abba, Padre! El Espíritu mismo da testimonio a nuestro espíritu, de que somos hijos de Dios. Y si hijos, también herederos; herederos de Dios y coherederos con Cristo, si es que padecemos juntamente con él, para que juntamente con él seamos glorificados.

---

[72] Eugene H. Merrill, Mark F. Rooker, and Michael A. Grisanti, *The World and the Word: An Introduction to the Old Testament*, (Nashville, TN.: B&H Academic, 2011), 470.
[73] Dyer, 806

Como hijos de Dios hemos sido liberados del temor. El Espíritu nos confirma que somos amados, aceptados y protegidos por el Padre. Como padre de familia, estoy completamente comprometido a siempre cuidar a mis hijos. Yo honro este compromiso porque los amo profundamente y no una presión externa o porque me sienta comprometido a hacerlo. Mis hijos saben que los amo y que haría lo que sea para que estén a salvo de todo. El Dios del universo es nuestro padre celestial y además de ser el soberano rey de todo lo que existe, nos ama porque somos sus hijos. La enseñanza con unción se basa en reconocer y proclamar esta importante verdad la cual completamente cambia cómo vivimos nuestras vidas en medio de estos tiempos inciertos.

El Espíritu Santo nos da la libertad del temor no solamente de las circunstancias externas, sino que también lo hace de nuestras propias inseguridades. La grandiosa tarea de representar a Cristo puede ser abrumadora para los maestros quienes son responsables de cubrir a los alumnos con sus alas. Timoteo era un líder joven con un importante ministerio y el apóstol Pablo lo animo con las siguientes palabras: "Por lo cual te aconsejo que avives el fuego del don de Dios que está en ti por la imposición de mis manos. Porque no nos ha dado Dios espíritu de cobardía, sino de poder, de amor y de dominio propio" (2 Tim. 1:6-7). El Espíritu Santo nos da poder para servir al Señor con firmeza y confianza.

La vida es difícil y nos enfrentamos con momentos difíciles. Los maestros cristianos y sus alumnos no están exentos de estas circunstancias complicadas. Sin embargo, en lugar de vivir con temor como lo hace la mayoría de las personas, disfrutamos la libertad del temor que nos da el Espíritu Santo mientras descansamos confiados en el Dios de esperanza que siempre se preocupa por nosotros. La enseñanza con unción trae el consuelo del Espíritu Santo a todos aquellos que están dispuestos a tener fe en el Dios soberano.

SEGUNDA PARTE

La enseñanza en el Espíritu y la celebración

Al considerar los temas en el Cántico de Moisés, la oración de Ana y el Magníficat de María, proponemos una enseñanza con unción que celebra y también encarna cinco libertades para el diario vivir en el tercer milenio. Buscamos encarnar la libertad de la verdad, la libertad para amar, la libertad de la fe, la libertad de la esperanza y la libertad del gozo en nuestra enseñanza cristiana, aprendizaje y vida en general. Segunda Corintios 3:6 aclara esta situación cuando el apóstol Pablo declara: "el cual asimismo nos hizo ministros competentes de un nuevo pacto, no de la letra, sino del espíritu; porque la letra mata, mas el espíritu vivifica". En la encarnación contemporánea de nuestras vidas, celebramos aquellas virtudes cristianas que Jesús nos llama a mostrar en nuestros ministerios de enseñanza. La Iglesia Cristiana celebra la verdad, el amor, la fe, la esperanza y el gozo en sus ministerios educativos. Enseñar en el nombre, espíritu y poder de Jesús nos llama a seguir esta misión. Esta es nuestro llamado e identidad de acción de gracias o eucarística que sirve para distinguir la enseñanza y el aprendizaje cristiana en el mundo de la teoría y práctica educativa.

¿Cuáles cinco virtudes se celebran en la enseñanza cristiana con unción que usa de base la liberación espiritual y completa que experimentamos en Jesucristo? Las virtudes identificadas anteriormente, verdad, amor, fe, esperanza y gozo sirven para conectar los ministerios de enseñanza a las fuentes bíblicas que identifican los propósitos perenes de la iglesia cristiana. Estos propósitos son la proclamación, la comunión, el servicio, el apoyo a los demás y la adoración. Para que se cumplan estos propósitos son indispensables los dones y el poder del Espíritu Santo quien trabaja en colaboración con los creyentes. Los maestros y estudiantes cristianos son llamados a celebrar y a descansar en el Espíritu para poder proclamar la verdad, para promover el amor en la comunidad, para servir con fidelidad, para apoyar con esperanza y para alabar con gozo en las tareas cotidianas de la enseñanza y aprendizaje.

Estos ideales merecen nuestros mejores esfuerzos educativos en colaboración con el Espíritu Santo.

Para usar una metáfora culinaria, las cinco virtudes son los platillos servidos en la mesa como ofrendas educativas que todos pueden disfrutar. Una definición de enseñanza es "el arte de poner una mesa que invita y recibe a todos a participar y se convierte en una gozosa celebración".[74] El complemento de la celebración es el lugar de lamento en donde los propósitos y deseos de Dios se contrastan con las realidades humanas las cuales nos llaman a la liberación que se mencionó en la primera parte de este libro y se replantean en la parte tres en donde surge el reto del sustento mientras los cristianos esperan la completa salvación de toda la creación que será posible en la segunda venida de Cristo.

Los pasajes bíblicos que describen la mesa que Dios prepara para maestros y alumnos por igual incluyen Proverbios 9:1-6 en donde la fiesta de la Sabiduría es descrita de una manera hermosa y todos son invitados a participar para crecer en madurez y para vivir y caminar en el camino de la inteligencia. Esto es lo que los maestros esperan en sus ofrendas curriculares. Isaías 55:1-3a extiende una nueva invitación a los creyentes:

> A todos los sedientos: Venid a las aguas; y los que no tienen dinero, venid, comprad y comed. Venid, comprad sin dinero y sin precio, vino y leche.
> ¿Por qué gastáis el dinero en lo que no es pan, y vuestro trabajo en lo que no sacia? Oídme atentamente, y comed del bien, y se deleitará vuestra alma con grosura.
> Inclinad vuestro oído, y venid a mí; oíd, y vivirá vuestra alma.

Jesús mismo es el anfitrión quien ofrece nutrición y vida a todos aquellos que participan cumpliendo así la promesa de Isaías 55. Cuando los maestros cristianos participan en la comunión en la mesa hecha posible por el Espíritu Santo, su enseñanza impacta los corazones, las mentes y las almas de sus alumnos. La Última Cena que Jesús celebró con sus discípulos se instituye como una comida constante que la comunidad cristiana acoge (1 Cor. 11:23-12:11). Al participar en ella, la Iglesia Cristiana vive así su identidad eucarística o de acción de gracias que se sugiere en el relato de Juan de la aparición en el Mar de Galilea de Jesús después de su resurrección. Visité Israel y las orillas del Mar de Galilea por primera vez en el 2016 en donde disfruté de comer tilapia (pescado conocido también como el pescado de San Pedro) en Tiberias por lo que ese pasaje tiene una conexión vívida en mi memoria. Es esta

[74] Robert W. Pazmiño, *Basics of Teaching for Christians* (Grand Rapids: Baker Books, 1998), 11.

aparición Jesús prepara una comida y, después de confrontar a Pedro, le hace un llamado tres veces a alimentar y cuidar a las ovejas para que lo sigan. Este llamado tiene implicaciones para la enseñanza con unción:

> Después de esto, Jesús se manifestó otra vez a sus discípulos junto al mar de Tiberias; y se manifestó de esta manera:
> Estaban juntos Simón Pedro, Tomás llamado el Dídimo, Natanael el de Caná de Galilea, los hijos de Zebedeo, y otros dos de sus discípulos.
> Simón Pedro les dijo: Voy a pescar. Ellos le dijeron: Vamos nosotros también contigo. Fueron, y entraron en una barca; y aquella noche no pescaron nada.
> Cuando ya iba amaneciendo, se presentó Jesús en la playa; mas los discípulos no sabían que era Jesús.
> Y les dijo: Hijitos, ¿tenéis algo de comer? Le respondieron: No.
> Él les dijo: Echad la red a la derecha de la barca, y hallaréis. Entonces la echaron, y ya no la podían sacar, por la gran cantidad de peces.
> Entonces aquel discípulo a quien Jesús amaba dijo a Pedro: ¡Es el Señor! Simón Pedro, cuando oyó que era el Señor, se ciñó la ropa (porque se había despojado de ella), y se echó al mar.
> Y los otros discípulos vinieron con la barca, arrastrando la red de peces, pues no distaban de tierra sino como doscientos codos.
> Al descender a tierra, vieron brasas puestas, y un pez encima de ellas, y pan.
> Jesús les dijo: Traed de los peces que acabáis de pescar.
> Subió Simón Pedro, y sacó la red a tierra, llena de grandes peces, ciento cincuenta y tres, y aun siendo tantos, la red no se rompió.
> Les dijo Jesús: Venid, comed. Y ninguno de los discípulos se atrevía a preguntarle: ¿Tú, quién eres? sabiendo que era el Señor.
> Vino, pues, Jesús, y tomó el pan y les dio, y asimismo del pescado.
> Esta era ya la tercera vez que Jesús se manifestaba a sus discípulos, después de haber resucitado de los muertos.
> Cuando hubieron comido, Jesús dijo a Simón Pedro: Simón, hijo de Jonás, ¿me amas más que éstos? Le respondió: Sí, Señor; tú sabes que te amo. Él le dijo: Apacienta mis corderos.
> Volvió a decirle la segunda vez: Simón, hijo de Jonás, ¿me amas? Pedro le respondió: Sí, Señor; tú sabes que te amo. Le dijo: Pastorea mis ovejas.
> Le dijo la tercera vez: Simón, hijo de Jonás, ¿me amas? Pedro se entristeció de que le dijese la tercera vez: ¿Me amas? y le respondió: Señor, tú lo sabes todo; tú sabes que te amo. Jesús le dijo: Apacienta mis ovejas.
> De cierto, de cierto te digo: Cuando eras más joven, te ceñías, e ibas a donde querías; mas cuando ya seas viejo, extenderás tus manos, y te ceñirá otro, y te llevará a donde no quieras.
> Esto dijo, dando a entender con qué muerte había de glorificar a Dios. Y dicho esto, añadió: Sígueme (Juan 21:1-19)

Seguir a Jesús en el ministerio de la enseñanza requiere dependencia en el Espíritu para servir en la mesa metafórica aquellas virtudes capaces de formar el carácter y la vida de los estudiantes que cumplen el mandamiento de Jesús a Pedro de alimentar y apacentar sus ovejas. La enseñanza es un ministerio para nutrir y alimentar a niños, jóvenes y adultos principalmente en el nivel intelectual, pero también abarcando las dimensiones emocionales, sociales, morales, físicas y espirituales de las personas porque alimentar y apacentar requieren un enfoque global de la vida.

Ted Ward ofrece un modelo fácil usando una mano para representar estas seis dimensiones de las personas en relación con la enseñanza.[75] Cada una de estas dimensiones pueden principalmente relacionarse con cinco virtudes cristianas para cada una de los cinco dedos con la palma de la mano como la dimensión espiritual que une a los diferentes dedos. Los siguientes pares son posibles para cada uno de los dedos:

- Fe-física (pulgar)
- Verdad-intelectual (índice)
- Gozo-emocional (dedo mayor)
- Amor-social (anular)
- Esperanza-moral (meñique)

La palma de la mano es el enlace espiritual y relacional que sirve para conectar todas estas dimensiones para ver a las personas en los ministerios de enseñanza y aprendizaje como completas y santas cuando son acogidos por el Espíritu Santo para llegar a ser todo lo que Dios quiere que sean. Esta era la intención de Jesús cuando tuvo el encuentro con Pedro en las orillas del mar de Tiberias después de que Pedro lo había negado y Jesús le ordenaba que apacentara sus ovejas. En ese viaje reciente a Israel y la región de Galilea, yo, junto con diez estudiantes, disfrutamos ese pescado en un día soleado de invierno con una temperatura de 60 grados Fahrenheit. En esa ocasión, yo recordé la restauración y la enseñanza de Jesús a Pedro mientras intentaba enseñar a mis estudiantes sobre la celebración de nuestra fe cristiana durante nuestro estudio en ese viaje acerca de la educación religiosa en Israel.

[75] Ted Ward, *Values Begin at Home*, 2nd. ed. (Wheaton, Ill.: Victor, 1989), 18.

CAPÍTULO 6

La enseñanza y la libertad de la verdad

Octavio J. Esqueda

El camino para corregir los errores es encender la luz de la verdad sobre ellos.
Ida B. Wells

Pero cuando venga el Consolador, a quien yo os enviaré del Padre, el Espíritu de verdad, el cual procede del Padre, él dará testimonio acerca de mí. Y vosotros daréis testimonio también, porque habéis estado conmigo desde el principio. Juan 15:26-27

La verdad es una parte esencial para que funcione una sociedad. Una comunidad solamente puede funcionar correctamente cuando las relaciones están cimentadas en la verdad. Por esta razón, en los juicios, las personas involucradas antes de dar su testimonio hacen un juramento al responder a la siguiente afirmación: "jura decir la verdad, nada más que la verdad y toda la verdad". No se puede hacer justicia ni tener relaciones duraderas si hay falsedades o mentiras. De la misma manera, el cristianismo y la enseñanza bajo la unción del Espíritu Santo tienen a la verdad como el eje central de su mensaje y práctica.

Las buenas noticias del evangelio de Cristo al mundo tienen a la verdad como su fundamento. Cuando Jesús fue llevado por los líderes religiosos ante Poncio Pilato, el gobernador de Judea, para que lo juzgara y lo condenara a morir en la cruz, Jesús definió su propósito e identidad al responder a la pregunta si él era un rey con las siguientes palabras: "Yo para esto he nacido, y para esto he venido al mundo, para dar testimonio a la verdad. Todo aquel que es de la verdad, oye mi voz" (Juan 18:37). Al escuchar esta sorprendente afirmación, Pilato hizo una de las preguntas esenciales de todos los seres humanos "¿Qué es la verdad?" (Juan 18:38). La respuesta a esta pregunta define nuestra cosmovisión y nuestra manera de vivir. También dirige nuestra fe y enseñanza. La verdad para los cristianos es mucho más que aseveraciones correctas. La verdad es personal. El Dios trino es la verdad.

Por esta razón la fe cristiana y los seguidores de Cristo estamos cimentados en el Dios de verdad. La enseñanza guiada por el Espíritu Santo nos da la libertad de proclamar la verdad a todos a nuestro alrededor.[76] La verdad divina nos enseña, redarguye, corrige instruye en la justicia de Dios (2 Tim. 3:16).

Dios es verdad

La verdad es uno de los atributos esenciales de Dios. No es que Dios siempre sea verdadero o que sus afirmaciones concuerden con la realidad, sino que el Dios trino es la verdad. Las tres personas de la trinidad son la verdad y no se encuentra ninguna falsedad en ellos. El Dios de la Biblia es fiel a sus promesas y siempre podemos confiar en Él. La palabra de Dios afirma claramente que cada una de las personas de la trinidad tiene a la verdad como parte de su esencia.

El Dios Padre es la verdad. Deuteronomio 32:4 describe rotundamente el carácter del Dios al que podemos proclamar y alabar con toda confianza: "Él es la Roca, cuya obra es perfecta, Porque todos sus caminos son rectitud; Dios de verdad, y sin ninguna iniquidad en él; Es justo y recto". Dios es nuestra roca fuerte y en todo momento, aún en las circunstancias más difíciles, podemos descansar en sus promesas. Su fidelidad es grande y leal para siempre. Por esta razón, cuando enseñamos a otros acerca de nuestro Dios traemos refrigerio y paz: "Goteará como la lluvia mi enseñanza; Destilará como el rocío mi razonamiento; Como la llovizna sobre la grama, Y como las gotas sobre la hierba" (Deut. 32:2). Nuestras palabras y enseñanza traen libertad cuando están basadas en el Dios de verdad (Isa. 65:16).

Jesucristo es la verdad. Nuestro Señor Jesucristo es el fundamento de nuestra fe. En Juan 14:6 Jesús hizo una importante afirmación que describe su personalidad y su propósito al venir a este mundo: "Jesús le dijo: Yo soy el camino, y la verdad, y la vida; nadie viene al Padre, sino por mí". Jesucristo es el único mediador entre Dios y los seres humanos (1 Tim. 2:5). Solamente en el Hijo de Dios tenemos la vida, no simplemente la vida eterna sino también la plenitud de la vida (Juan 3:16; Juan 10:10; 1 Juan 5:12). Además de ser el camino y la fuente de vida, Jesús también es la verdad. No solamente alguien que habla con la verdad sino la verdad al igual que el Padre y el Espíritu Santo.

---

[76] Octavio J. Esqueda, "The Holy Spirit as Teacher" in *The Teaching Ministry of the Church*, 2nd edition. (Nashville: B&H Academic, 2008), 78.

El Espíritu Santo al igual que los otros miembros de la trinidad también es la verdad. En Juan 14:16-17 Jesús le prometió a sus discípulos y a todos nosotros que el Espíritu Santo vivirá y morará en todos sus seguidores: "Y yo rogaré al Padre, y os dará otro Consolador, para que esté con vosotros para siempre: el Espíritu de verdad, al cual el mundo no puede recibir, porque no le ve, ni le conoce; pero vosotros le conocéis, porque mora con vosotros, y estará en vosotros". El Espíritu Santo está con nosotros como nuestro consolador (*parakleto*) y es de la misma esencia divina que Cristo. El Espíritu Santo, al igual que el Padre y el Hijo, es el Espíritu de verdad.

Ya que las tres personas de la trinidad no solamente hablan con la verdad, sino que son la verdad, todo lo que fluye de ellos es verdadero. Por lo tanto, la Palabra de Dios es verdad y nos santifica (Juan 17:17-19). El mensaje de Dios siempre está basado en la verdad y los maestros cristianos son mensajeros de la verdad en todo momento a un mundo que al igual que Poncio Pilato constantemente se pregunta "¿Qué es la verdad"?

De hecho, la tendencia del ser humano es a mentir constantemente. El *Dr. House* fue una serie de televisión muy popular en los Estados Unidos y una de las frases preferidas del protagonista era "todo mundo miente". El Salmo 12:1-2 reconoce esta situación con el siguiente lamento: "Salva, oh Jehová, porque se acabaron los piadosos; Porque han desaparecido los fieles de entre los hijos de los hombres. Habla mentira cada uno con su prójimo; Hablan con labios lisonjeros, y con doblez de corazón". A pesar del claro mandamiento en contra de la mentira y falsedad (Ex. 20:16), todos los seres humanos caemos ante este pecado tan común con demasiada frecuencia. De hecho, parece que el amor a la mentira es la disposición natural de los seres humanos (Sal. 62:4).

Sin embargo, la nueva vida que Jesús ofrece a través de su sacrificio en la cruz del Calvario nos transforma completamente. En Cristo, ahora nuestra identidad está basada en el Dios de verdad y, por lo tanto, tenemos un llamado a desechar la mentira y vivir en la santidad de la verdad:

> En cuanto a la pasada manera de vivir, despojaos del viejo hombre, que está viciado conforme a los deseos engañosos, y renovaos en el espíritu de vuestra mente, y vestíos del nuevo hombre, creado según Dios en la justicia y santidad de la verdad. Por lo cual, desechando la mentira, hablad verdad cada uno con su prójimo; porque somos miembros los unos de los otros (Efesios 4:22-25)

Una característica esencial del cristianismo y de la enseñanza guiada por el Espíritu Santo es siempre hablar con la verdad. Como hijos de Dios todos tenemos la unción del Espíritu Santo y somos miembros los unos de los otros. La mentira y falsedad no tienen lugar en el cuerpo de Cristo y mucho menos en aquellos que tenemos el privilegio de enseñar acerca de nuestro Dios a los demás. Todos nos necesitamos unos a otros y nadie tiene la exclusividad del mensaje divino. Por lo tanto, reconocer nuestra ignorancia en algunas cosas y nuestra dependencia en la sabiduría divina y la guía de los demás son parte fundamental de la enseñanza con unción.

Nuestras limitaciones

El soberano Dios del universo siempre es verdadero y ama la verdad (Sal. 51:6). Pero nosotros a pesar de ser creados a la imagen y semejanza de Dios somos finitos e imperfectos. Como cristianos y principalmente como educadores cristianos necesitamos reconocer nuestras limitaciones y nunca pensar que somos dueños exclusivos de la verdad. Tristemente es fácil caer en los extremos de un péndulo que lleva a muchos a pensar que la ortodoxia cristiana debe coincidir con sus ideas y preferencias y por el otro asumir que no se puede afirmar nada con certeza y que toda doctrina está sujeta al consenso general o la interpretación individual. Ambas posturas están basadas en un orgullo que hace que el ser humano sea el árbitro del mensaje de Dios. Podemos conocer a Dios y proclamar con seguridad sus caminos, pero al mismo tiempo también necesitamos reconocer que nuestro conocimiento de Dios es limitado y que el Espíritu Santo también les habla a otras personas, aunque sus posturas difieran de las nuestras.

La Biblia nos muestra esta aparente tensión entre la posibilidad que tenemos de conocer a Dios y lo imposible que es comprenderlo completamente. Jeremías 9:23-24 declara lo siguiente:

> Así dijo Jehová: No se alabe el sabio en su sabiduría, ni en su valentía se alabe el valiente, ni el rico se alabe en sus riquezas. Mas alábese en esto el que se hubiere de alabar: en entenderme y conocerme, que yo soy Jehová, que hago misericordia, juicio y justicia en la tierra; porque estas cosas quiero, dice Jehová.

Este pasaje nos muestra que es posible e incluso deseable entender y conocer a Dios. De hecho, este conocimiento es práctico ya que nos debe llevar a valorar lo que Dios valora y nos lleva a imitarlo. La teología o el conocimiento de Dios siempre tienen implicaciones prácticas y se manifiestan en una vida de misericordia y búsqueda de la justicia. Esta teología práctica es lo más importante que podemos hacer con nuestras vidas y la única actividad que le da sentido a nuestra existencia.

Sin embargo, Isaías 55:8-9 nos recuerda que a pesar de que podemos conocer a Dios, siempre estaremos limitados ante la majestad y omnisciencia del Dios soberano del universo: "Porque mis pensamientos no son vuestros pensamientos, ni vuestros caminos mis caminos, dijo Jehová. Como son más altos los cielos que la tierra, así son mis caminos más altos que vuestros caminos, y mis pensamientos más que vuestros pensamientos". Dios sabe todo y siempre habla con la verdad, pero nosotros no. Nuestras limitaciones resaltan nuestra necesidad y dependencia en el Señor.

Con frecuencia escucho a creyentes que afirman que cuando estén en la presencia de Dios podrán entender por qué Dios decidió actuar de ciertas maneras que ellos no pueden comprender. Ellos creen que un día tendrán la posibilidad de entender totalmente los designios divinos. Pero la realidad es que nunca podremos entender totalmente a Dios. Cada día podemos conocer más a nuestro Dios y un día estaremos en su presencia por siempre, pero Dios seguirá siendo el majestuoso Dios y nosotros sus criaturas.

Dios es la fuente de la sabiduría

El Dios de verdad es también la fuente de la verdadera sabiduría. Nuestras limitaciones no nos permiten comprender completamente toda la realidad, pero Dios no solamente lo sabe todo, sino que desea enseñarnos sus caminos. Por esta razón, la Biblia declara enfáticamente que el principio de la sabiduría es el temor al Señor (Prov. 1:7). El temor a Dios se refiere a vivir conscientes de quién es Dios y quienes somos nosotros. La sabiduría y el conocimiento de Dios son tan majestuosos que no tienen comparación con todo el saber que podamos acumular en nuestras vidas (Rom. 11:33).

Hace años cuando estaba estudiando en un seminario en Dallas una persona me dio un consejo que no he olvidado y que cada vez valoro más por su simpleza, pero importante profundidad. Sus palabras fueron: "recuerda que solamente hay un Dios y tú no eres él". Este es un principio fundamental del seminario y de la vida. Después escuché la misma idea, aunque expresada de esta manera: "¡ya no hay vacantes en la Trinidad!" Necesitamos recordar que nuestras vidas dependen de la providencia divina. La libertad de la verdad que Dios nos ofrece a través del Espíritu Santo es por la gracia de nuestro Dios. Dios es nuestro maestro y el único que merece nuestra admiración y devoción.

Por lo tanto, ningún líder o maestro cristiano puede ponerse en el lugar de Dios para dictar las normas que los demás deben seguir. Nosotros somos mensajeros de Dios, pero no tenemos la autoridad divina para juzgar a los demás. Cuando confundimos nuestra voz y enseñanza con la de Dios caemos en la idolatría que pervierte la verdadera enseñanza con unción. Una de las herejías más grandes sucede cuando hacemos de nuestras preferencias y opiniones fundamentos centrales de la fe cristiana. Esto sucede cuando creemos que somos el centro de la sabiduría divina y los demás están equivocados. Tristemente esta actitud es muy común en muchos pastores y maestros cristianos que creen que su ministerio es solamente luchar por lo que consideran la fidelidad del mensaje bíblico. No se dan cuenta que al unir sus opiniones con las verdades de Dios hacen exactamente lo opuesto a lo que predican y enseñan. La humildad es una característica esencial de la enseñanza con unción.

Todos necesitamos la dirección de Dios y la iluminación del Espíritu Santo. Solamente el Espíritu Santo conoce completamente al Dios de verdad.[77] A través del Espíritu Dios nos revela las cosas que Dios ha preparado para nosotros y que completamente muestran las verdades divinas como lo muestra claramente 1 Corintios 2:9-13:

> Antes bien, como está escrito:
> Cosas que ojo no vio, ni oído oyó,
> Ni han subido en corazón de hombre,
> Son las que Dios ha preparado para los que le aman.
> Pero Dios nos las reveló a nosotros por el Espíritu; porque el Espíritu todo lo escudriña, aun lo profundo de Dios.
> Porque ¿quién de los hombres sabe las cosas del hombre, sino el espíritu del hombre que está en él? Así tampoco nadie conoció las cosas de Dios, sino el Espíritu de Dios.
> Y nosotros no hemos recibido el espíritu del mundo, sino el Espíritu que proviene de Dios, para que sepamos lo que Dios nos ha concedido,
> lo cual también hablamos, no con palabras enseñadas por sabiduría humana, sino con las que enseña el Espíritu, acomodando lo espiritual a lo espiritual.

El Espíritu Santo nos enseña los caminos de Dios. La verdadera sabiduría viene de Dios el cual nos invita a depender de El para vivir y enseñar con rectitud (Stgo. 1:5). Por lo tanto, una dependencia total en el Espíritu Santo es indispensable para la enseñanza cristiana. La oración es clave para poder recibir el mensaje de Dios y así compartirlo a los

[77] Ibid., 79

demás. Pero el mensaje de Dios no es exclusivo para unos cuantos, sino que es un regalo divino para todos.

La importancia de la comunidad

El Dios de verdad se revela a todos por igual y nadie tiene exclusividad del mensaje divino. Así que, a sabiduría y enseñanza cristiana siempre se dan el contexto de la comunidad. Nuestras presuposiciones siempre afectan la manera en la que interpretamos nuestras circunstancias. Todos tenemos prejuicios y solamente tenemos una perspectiva parcial de los hechos. Pero las buenas noticias son que no estamos solos y la solución a nuestra miopía se da siempre en comunidad. Escuchar la opinión y perspectiva de otros nos ayuda a comprender mejor la realidad. Por esto el primer paso para la sabiduría es la humildad y el peor tipo de ignorancia se da cuando uno no sabe que no sabe, pero cree que sí sabe. Solamente cuando estamos conscientes de nuestra necesidad de los demás podemos expandir nuestro entendimiento para ver las cosas con mejor claridad.

Por estas razones, es imprescindible que la vida cristiana y la enseñanza de las Escrituras siempre se haga en comunidad y se tomen en cuenta todas las voces de los creyentes. Solamente podemos interpretar correctamente la Biblia en comunidad y, obviamente, bajo la dirección del Espíritu Santo. Además de la importancia de la perspectiva multicultural en el estudio de las Escrituras, es vital también que escuchemos la perspectiva de las mujeres sobre la narrativa bíblica. Con demasiada frecuencia, las historias bíblicas son contadas bajo la perspectiva presente de los hombres y, de esta manera, nuestra interpretación puede estar distorsionada a pesar de ser la tradicionalmente aceptada.

Por ejemplo, el libro *Vindicating the Vixens Revisiting Sexualized, Vilified, and Marginalized Women of the Bible*[78] (Reivindicando a las villanas: reconsiderando a mujeres de la Biblia que han sido sexualizadas, denigradas y marginalizadas) me ha ayudado a comprender mejor algunas historias bíblicas que conocía, pero que normalmente se interpretaban de una manera incorrecta. No es que la hermenéutica bíblica haya cambiado, sino que nuestra perspectiva estaba limitada al no contar con la opinión de otros, especialmente mujeres. Me había perdido de la riqueza y magnitud de las historias de estas mujeres de la fe al no tomar en cuenta elementos claves que estaban en el texto, pero que no veía.

---

78 Sandra Glahn (ed.). *Vindicating the Vixens: Revisiting Sexualized, Vilified, and Marginalized Women of the Bible* (Grand Rapids: Kregel, 2017).

Cuando somos humildes y obedecemos la exhortación de las Escrituras, "enseñaos y exhortaos unos a otros" (Col. 3:16) nuestro entendimiento crece y nuestra visión de la realidad se esclarece. No hay nada peor que un creyente orgulloso que cree que lo sabe todo. Es enriquecedor caminar juntos y aprender de los demás bajo la guía del Espíritu Santo. Definitivamente, todos nos necesitamos y cuando todas las voces son escuchadas y valoradas aprendemos todos y vemos y caminamos por la vida de una mejor manera.

Conclusión

La presencia del Espíritu Santo en nosotros transforma nuestro ser de una manera radical que produce el fruto de celebración por su unción y nos da la libertad de vivir y proclamar la verdad de Dios. La enseñanza con unción convence al mundo de pecado, justicia y juicio y al mismo tiempo glorifica a Dios. Jesús nos prometió que la venida del Espíritu Santo cambiaría completamente nuestras vidas. De hecho, Jesús afirmó que era mejor para nosotros que él se fuera y nos enviara al Espíritu Santo quien vive en nosotros para siempre. La morada del Espíritu Santo en todos nosotros es el mejor regalo que podemos recibir y la fuente de la vida y enseñanza cristiana.

> Pero yo os digo la verdad: Os conviene que yo me vaya; porque si no me fuera, el Consolador no vendría a vosotros; mas si me fuere, os lo enviaré.
> Y cuando él venga, convencerá al mundo de pecado, de justicia y de juicio.
> De pecado, por cuanto no creen en mí;
> de justicia, por cuanto voy al Padre, y no me veréis más;
> y de juicio, por cuanto el príncipe de este mundo ha sido ya juzgado.
> Aún tengo muchas cosas que deciros, pero ahora no las podéis sobrellevar.
> Pero cuando venga el Espíritu de verdad, él os guiará a toda la verdad; porque no hablará por su propia cuenta, sino que hablará todo lo que oyere, y os hará saber las cosas que habrán de venir.
> El me glorificará; porque tomará de lo mío, y os lo hará saber.
> Todo lo que tiene el Padre es mío; por eso dije que tomará de lo mío, y os lo hará saber (Juan 16:7-15)

CAPÍTULO 7

La enseñanza y la libertad para amar

Robert W. Pazmiño

En el 1956, H. Richard Niebuhr concluyó que el propósito de la educación era fomentar el amor a Dios y al prójimo, tal y como lo expresan los dos grandes mandamientos de Jesús.[79] Me parece que debemos ampliarlos para incluir el amor de Dios por el mundo (Jn 3: 16), entiéndase la creación, cuya teología fuera explorada en el capítulo uno. Esto es crucial en vista de que la humanidad se enfrenta a una crisis ecológica global. La creación está gimiendo ante Dios por su salvación total (Rm 8: 18-30). Lo ideal sería que la enseñanza cristiana garantizara el que los participantes se sintieran en la libertad para amar para así fomentar el amor a Dios, al prójimo, a sí mismos y a la creación porque son perennes y dignos de atención. Pero, ¿cómo la enseñanza alienta los estudiantes a que se acojan a esa clase de amor y lo practiquen en sus vidas cotidianas? La tarea parece abrumadora, por no decir imposible.

Los comentarios del apóstol Pablo en el capítulo 5 de Romanos, versículos del 1 al 5, sobre la justificación por fe de los creyentes son alentadores para los maestros cristianos, sobre todo en cuanto a la virtud del amor:

> Justificados, pues, por la fe, tenemos paz para con Dios por medio de nuestro Señor Jesucristo; por quien también tenemos entrada por la fe a esta gracia en la cual estamos firmes, y nos gloriamos en la esperanza de la gloria de Dios. Y no sólo esto, sino que también nos gloriamos en las tribulaciones, sabiendo que la tribulación produce paciencia; y la paciencia, prueba; y la prueba, esperanza; y la esperanza no avergüenza; porque el amor de Dios ha sido derramado en nuestros corazones por el Espíritu Santo que nos fue dado.

[79] H. Richard Niebur, Daniel D. Williams y James M. Gustafson, "The Purpose of the Church and its Ministry" (El propósito de la iglesia y su ministerio) (Nueva York: Harper & Bros, 1956).

"El amor de Dios ha sido derramado en nuestros corazones por el Espíritu Santo". Los maestros cristianos tienen una fe que imparte la paz y la gracia de Dios en la vida cotidiana. Dios nos acompaña por medio de la persona y obra del Espíritu Santo, quien nos ha sido dado como herencia, un legado para el viaje de la vida. Dios ha derramado su amor en nuestros corazones por el Espíritu Santo. Se lo transmitimos a nuestros estudiantes para que aprendan a amarse a sí mismos. El Espíritu Santo tienen que obrar en sus corazones y espíritus para que se responsabilicen por sus vidas y compromisos. Antes, durante y después de la lección debemos orar para que obre libremente tanto en nosotros como en ellos. Mientras enseñamos debemos estar atentos a su dirección y presencia.

Pablo escribe en su Segunda Epístola a Timoteo acerca de su amor y preocupación por Timoteo, su hijo en la fe:

> Doy gracias a Dios, al cual sirvo desde mis mayores con limpia conciencia, de que sin cesar me acuerdo de ti en mis oraciones noche y día; deseando verte, al acordarme de tus lágrimas, para llenarme de gozo; trayendo a la memoria la fe no fingida que hay en ti, la cual habitó primero en tu abuela Loida, y en tu madre Eunice, y estoy seguro que en ti también. Por lo cual te aconsejo que avives el fuego del don de Dios que está en ti por la imposición de mis manos. Porque no nos ha dado Dios espíritu de cobardía, sino de poder, de amor y de dominio propio (2 Tm 1: 3-7).

Timoteo recibe un recordatorio del espíritu de amor que ha recibido para que guíe su ministerio. Esta dependencia puede producir fruto en la enseñanza ya que Pablo sugiere un efecto confiable: "Lo que has oído de mí ante muchos testigos, esto encarga a hombres fieles que sean idóneos para enseñar también a otros" (2 Tm 2: 2). Timoteo conoció esa fe y amor primero a través de los ministerios de enseñanza de su abuela Loida y Eunice, su madre. Luego, continuó a través del ministerio de Pablo y ahora, le correspondía continuarlo con sus propios estudiantes. Su ministerio de enseñanza en el Espíritu Santo era respaldado por el amor que había sostenido a su familia, comunidad de fe y su relación con su mentor. Dios ha derramado su amor sobre la creación, encarnándolo en Cristo y extendiéndolo a la humanidad por medio del ministerio del Espíritu.

La Primera Epístola de Juan explicita el vínculo entre el amor de Dios y el que los maestros debemos a nuestros estudiantes:

> Amados, amémonos unos a otros; porque el amor es de Dios. Todo aquel que ama, es nacido de Dios, y conoce a Dios. El que no ama, no

> ha conocido a Dios; porque Dios es amor. En esto se mostró el amor de Dios para con nosotros, en que Dios envió a su Hijo unigénito al mundo, para que vivamos por él. En esto consiste el amor: no en que nosotros hayamos amado a Dios, sino en que él nos amó a nosotros, y envió a su Hijo en propiciación por nuestros pecados. Amados, si Dios nos ha amado así, debemos también nosotros amarnos unos a otros. Nadie ha visto jamás a Dios. Si nos amamos unos a otros, Dios permanece en nosotros, y su amor se ha perfeccionado en nosotros (1 Jn 4: 7-12).

El Espíritu Santo perfecciona el amor de Dios en nosotros como un recurso que debemos compartir con los demás. Puesto que Dios con su amor nos ha abrazado incondicionalmente en Jesucristo, podemos amar a nuestros estudiantes a través de la presencia y el poder del Espíritu Santo.

En el capítulo anterior, el autor describe el amarse los unos a los otros. Me parece que es aplicable a los maestros cristianos de hoy:

> Porque este es el mensaje que habéis oído desde el principio: Que nos amemos unos a otros. No como Caín, que era del maligno y mató a su hermano. ¿Y por qué causa le mató? Porque sus obras eran malas, y las de su hermano justas. Hermanos míos, no os extrañéis si el mundo os aborrece. Nosotros sabemos que hemos pasado de muerte a vida, en que amamos a los hermanos. El que no ama a su hermano, permanece en muerte. Todo aquel que aborrece a su hermano es homicida; y sabéis que ningún homicida tiene vida eterna permanente en él. En esto hemos conocido el amor, en que él puso su vida por nosotros; también nosotros debemos poner nuestras vidas por los hermanos. Pero el que tiene bienes de este mundo y ve a su hermano tener necesidad, y cierra contra él su corazón, ¿cómo mora el amor de Dios en él? (1 Jn 3: 11-17)

El amor de Dios permanece en aquellos que se entregan por los demás y comparten, tanto su sabiduría como sus bienes con los más necesitados. La enseñanza es un tipo de servicio. Es una manera de suplir su necesidad de la verdad, el conocimiento y la sabiduría para la vida. También, de enfrentarlos con las realidades de la muerte, destruyendo las cosas que atentan contra sus vidas a diario. El discernimiento espiritual es necesario para esta dimensión profética o subversiva que nombra todo lo que oprime a la gente, ofreciendo las alternativas de Dios para la humanidad y la creación. Esto también, es una respuesta amorosa, así como una afirmación del valor y la dignidad de cada estudiante. En esta obra, los maestros se interesan lo suficiente y están dispuestos a hacer lo necesario para confrontar a los destructores de la vida personal, comunitaria y corporativa que se unen en la travesía humana para producir sufrimiento, dolor y distintas opresiones.

Tres manifestaciones del amor humano: distinciones

A través de la historia, los cristianos han discutido las tres manifestaciones del amor, llamándolas, *eros*, *filia* y *ágape*.[80] Esto nos ayudará a sentar los límites de la libertad humana en cuanto al amor dentro de los ministerios de enseñanza. En la arena pública se han ventilado demasiados casos de maestros que violaron la confianza de sus estudiantes y se involucraron en relaciones eróticas inapropiadas. Fui parte de un comité de tres profesores que estuvo a cargo de revisar el caso de un colega casado, quien se había involucrado en relaciones ilícitas con estudiantes casadas y solteras. Era claro que este profesor había distorsionado su relación con sus estudiantes al aprovecharse y violentar los límites de su posición. Los resultados fueron desastrosos. La libertad debe equilibrarse con orden y límites adecuados para el amor erótico que, según los cristianos, está reservado para el matrimonio.[81] En ciertos casos, los maestros solteros pudieran enamorarse de sus exalumnos solteros; sin embargo, la desigualdad de poder en la relación maestro-estudiante se presta para el abuso y la violación de los límites dentro de los ministerios de enseñanza.

En cuanto a *filia*, la amistad entre maestros y estudiantes podría ser un dilema. La atención dada a los estudiantes pudiera extenderse a interacciones fuera del aula y más allá de la comunidad de aprendizaje. Durante más de treinta y cinco años como educador he desarrollado amistades con exalumnos, las cuales han enriquecido mi vida y la de mi familia. Ese compartir educativo ha propiciado interacciones sociales apropiadas y mutuamente edificantes. Esa atención puede forjar vínculos profesionales y sociales en donde los exalumnos se convierten en colegas y amistades vitalicios. Esta bendición celebra las redes sociales dentro de la comunidad humana. En mi caso, la relación con mis exalumnos fue progresando hasta convertirnos en colegas y, con un grupo selecto, profundizó al grado de hacernos amigos. Estas relaciones honran el lugar en donde ministramos juntos para la edificación de la Iglesia.

La naturaleza del *ágape* en la enseñanza gira en torno a la entrega y el sacrificio inherentes al ministerio de la enseñanza y distintos de *filia*. El Espíritu Santo lo inspira y Jesús dio el ejemplo con su vida y

---

[80] Amy Pollack, *The Course of Nature: A Book of Drawings on Natural Selection and Its Consequences*, with Commentary by Robert Pollack, (New York: Stonycreek Press, 2014), 111.

[81] Véase William y Aida Spencer, et. al. "Marriage at the Crossroads: Couples in Conversation about Discipleship, Gender Roles, Decision Making and Intimacy" (Encrucijada matrimonial: conversaciones de pareja acerca del discipulado, funciones de género, toma de decisiones e intimidad) (Downers Grove, Ill: IVP Academic, 2009). Roberta y Wanda Pazmiño colaboraron con un capítulo titulado, "Marriage for a North American Hispanic Couple" (El matrimonio para una pareja hispana norteamericana), págs. 189-192.

ministerio terrenales. Nótese la manera en que plantea la transición en su relación con sus discípulos, descrita en los versículos del 12 al 16 del capítulo 15 de Juan:

> Este es mi mandamiento: Que os améis unos a otros, como yo os he amado. Nadie tiene mayor amor que este, que uno ponga su vida por sus amigos. Vosotros sois mis amigos, si hacéis lo que yo os mando. Ya no os llamaré siervos, porque el siervo no sabe lo que hace su señor; pero os he llamado amigos, porque todas las cosas que oí de mi Padre, os las he dado a conocer. No me elegisteis vosotros a mí, sino que yo os elegí a vosotros, y os he puesto para que vayáis y llevéis fruto, y vuestro fruto permanezca; para que todo lo que pidiereis al Padre en mi nombre, él os lo dé.

Jesús cumple el plan de Dios de encarnar el amor cuando incorpora a sus seguidores como amigos en lugar de siervos. Están llamados a amar como Jesús. Un nuevo mandamiento guiará sus relaciones; en el caso de los maestros, ese "unos a otros" implica a sus estudiantes. El Espíritu Santo permite que lo expresen correctamente, evitando los peligros del *eros*, cumpliendo el *ágape* y, en algunos casos, hasta *filia* en su relación con sus alumnos.

El capítulo 13 de la Primera Epístola a los Corintios es el texto clásico sobre la manera en que los cristianos entienden *ágape*. Su autor, el apóstol Pablo, fue un ejemplo en sus relaciones con sus discípulos:

> Si yo hablase lenguas humanas y angélicas, y no tengo amor, vengo a ser como metal que resuena, o címbalo que retiñe. Y si tuviese profecía, y entendiese todos los misterios y toda ciencia, y si tuviese toda la fe, de tal manera que trasladase los montes, y no tengo amor, nada soy. Y si repartiese todos mis bienes para dar de comer a los pobres, y si entregase mi cuerpo para ser quemado, y no tengo amor, de nada me sirve.
>
> El amor es sufrido, es benigno; el amor no tiene envidia, el amor no es jactancioso, no se envanece; no hace nada indebido, no busca lo suyo, no se irrita, no guarda rencor; no se goza de la injusticia, mas se goza de la verdad. Todo lo sufre, todo lo cree, todo lo espera, todo lo soporta. El amor nunca deja de ser; pero las profecías se acabarán, y cesarán las lenguas, y la ciencia acabará.
>
> Porque en parte conocemos, y en parte profetizamos; mas cuando venga lo perfecto, entonces lo que es en parte se acabará. Cuando yo era niño, hablaba como niño, pensaba como niño, juzgaba como niño; mas cuando ya fui hombre, dejé lo que era de niño. Ahora vemos por espejo, oscuramente; mas entonces veremos cara a cara. Ahora conozco en parte; pero entonces conoceré como fui conocido. Y ahora permanecen

> la fe, la esperanza y el amor, estos tres; pero el mayor de ellos es el amor.

Aquí encontramos una descripción reveladora del amor *ágape* en las relaciones interpersonales. Sin lugar a dudas, también aplica a la relación del maestro con sus estudiantes. El amor en la enseñanza se demuestra con el esmero en entenderlos, la diligencia en preparar el contenido y el contexto de la lección. Se demuestra preparando nuestro corazón, alma, mente y fuerza para la ocasión, en el tiempo dedicado a orar por la ayuda del Espíritu Santo.[82] Esta diligencia no permite atajos fáciles en la lucha contra el tiempo y los compromisos de los maestros. La confianza en el Espíritu de Dios reconoce que, a pesar de nuestras limitaciones y debilidades reales, obrará tanto en la preparación como en la instrucción y el aprendizaje en la evaluación.

Pablo y Jesús acerca del amor

Los maestros deben atender la exhortación que Pablo hace en el capítulo 5, versículos del 13 al 15 de Gálatas:

> Porque vosotros, hermanos, a libertad fuisteis llamados; solamente que no uséis la libertad como ocasión para la carne, sino servíos por amor los unos a los otros. Porque toda la ley en esta sola palabra se cumple: Amarás a tu prójimo como a ti mismo. Pero si os mordéis y os coméis unos a otros, mirad que también no os consumáis unos a otros.

Según Pablo, la enseñanza cristiana arraiga su libertad para amar en los dos grandes mandamientos de Jesús; el segundo de éstos toma prioridad en la relación del maestro con los estudiantes, a quienes deben ver como sus prójimos, aunque aparenten ser enemigos. Jesús aplica su mandamiento de amar a los enemigos desde la primera sección o unidades de enseñanzas que encontramos en el Sermón del Monte, en el evangelio de Mateo:

> Oísteis que fue dicho: Amarás a tu prójimo, y aborrecerás a tu enemigo. Pero yo os digo: Amad a vuestros enemigos, bendecid a los que os maldicen, haced bien a los que os aborrecen, y orad por los que os ultrajan y os persiguen; para que seáis hijos de vuestro Padre que está en los cielos, que hace salir su sol sobre malos y buenos, y que hace llover

[82] Véase Robert W. Pazmiño, "Basics of Teaching for Christians: Preparation, Instruction and Evaluation" (Fundamentos de la enseñanza para cristianos: preparación, instrucción y evaluación) (Grand Rapids: Baker Books, 1998), 15-46, para la discussion del cuidado o amor que debe tenerse durante la preparación de la enseñanza.

> sobre justos e injustos. Porque si amáis a los que os aman, ¿qué recompensa tendréis? ¿No hacen también lo mismo los publicanos? Y si saludáis a vuestros hermanos solamente, ¿qué hacéis de más? ¿No hacen también así los gentiles? Sed, pues, vosotros perfectos, como vuestro Padre que está en los cielos es perfecto (Mt 5:43-48).

Nótese la manera en que Jesús usa *perfección* en Mateo. El creyente tiene una actitud básica de *perfección* (del griego *teleios*, alusivo a 'un fin o una meta'), de amor desinteresado (*ágape*) y bondad, incluso hacia quienes no la merecen. No se refiere a que los maestros estén libres de pecado. De Dios, Jesús y el Espíritu derivamos la gracia para mantener este tipo de amor en nuestras relaciones educativas.[83] Siempre habrá un estudiante que nos desafiará a que dependamos de nuestros recursos espirituales para amarlo en nuestros ministerios. La enseñanza es un medio para transmitir de manera concreta que Dios los ama y se interesa en sus vidas.

Reflexiones teológicas

Clark Pinnock, en su obra *Flame of Love*[84] (Llama de amor) replantea la pneumatología desde las perspectivas bíblicas de Jesús y Pablo. Su planteamiento del Espíritu Santo honra la doctrina social de la Trinidad, de un Dios tan enfocado en relacionarse que atrae todas las cosas hacia la sinfonía del amor eterno de su divinidad. El Dios trino, cuyo ser es una eterna danza de amor, celebra que el Espíritu desde el principio haya estado atrayendo con su gracia a la creación. Y lo continuará haciendo hasta su consumación. Esto se discute en el primer capítulo del libro.[85] Pinnock aboga por una reconsideración de la obra del Espíritu en la creación, cuya llama de amor sostiene y fortalece la vida. Su amor se manifiesta en procesos milagrosos de redención y sanidad, pero también, en los procesos naturales de sanidad, incluyendo los actos de justicia y reconciliación social.[86] Según Pinnock, es esencial que se honre la libertad del Espíritu y la manera en que Dios usa los medios de gracia en la vida cotidiana. De modo que, la enseñanza puede ser vista como un

---

[83] Harold Linsell, "Harper Study Bible" (Biblia de Estudio Harper) (Grand Rapids: Zondervan, 1971), 1445.
[84] Clark H. Pinnock, "Flame of Love: A Theology of the Holy Spirit" (Downers Grove, Ill: InterVarsity Press, 1996).
[85] Frank D. Macchia, "Tradition and the Novum of the Spirit: A Review of Clark Pinnock's Flame of Love" (Tradición y el *novum* del Espíritu: reseña de Llama de amor de Clark Pinnock) *Journal of Pentecostal Theology* 13 (1998), pág. 34.
[86] Ibíd, 38.

sacramento, un medio de gracia que comunica el amor de Dios en Cristo por el mundo entero (Jn 3: 16).[87]

Desde la perspectiva de Pinnock, el acto de enseñar puede entenderse como una danza con el Espíritu que comunica el amor de Dios en Cristo, incluso cuando confronta al pecado y el sufrimiento con la transformación y reconciliación radicales del evangelio.[88] Dios envía al Espíritu a enseñarnos en el nombre de Jesús (Jn 14: 26).[89] El Paracleto es un agente personal, maestro y amigo tanto para los profesores como los estudiantes.[90] Es el tutor que acompaña a cada persona en el intercambio educativo. Todas las criaturas dependen de Dios, quien por medio del Espíritu manifiesta su amor en el mundo, sostiene y da sentido a la vida.[91] La unción del Espíritu es crucial para entender la persona y la obra de Jesús. Si Jesús confió en la unción del Espíritu, sus seguidores y quienes enseñen en su nombre también deberían hacerlo.[92] La Iglesia cristiana es una extensión, no tanto de la encarnación, sino de la unción de Jesús, nuestro ejemplo.[93] Fue en Pentecostés que recibió al Espíritu, convirtiéndose así en la continuación histórica del Jesús ungido como el Cristo.[94] El Espíritu nos reviste de poder para que liberemos a los oprimidos, restauremos la comunidad, transformemos la vida e impartamos esperanza, tal y como sucediera durante la renovación nacional narrada en el capítulo 8 de Nehemías, la cual es discutida en el capítulo once de esta obra. El Espíritu descubre la verdad (2 Co 3: 16-18) y ofrece las alternativas de Dios para la humanidad y la creación.[95] Amar implica estar dispuesto a confrontar a los destructores que desde el principio de la creación se han opuesto a los designios que Dios ha expuesto en la nueva creación en Jesucristo. ¿Cuáles son las consecuencias prácticas de una pneumatología que celebra el amor que Dios ha manifestado cósmicamente en Jesucristo?

Implicaciones prácticas para la enseñanza

Los maestros demuestran su amor con su compromiso y dedicación mucho antes de que entren al aula o entablen una relación de enseñanza. Nótese el ejemplo de Esdras: "Porque Esdras había preparado su corazón para inquirir la ley de Jehová y para cumplirla, y para enseñar en Israel

[87] Ibíd, 46.
[88] Ibíd, 38.
[89] Pinnock, *Flame of Love*, 28.
[90] Ibíd, 35.
[91] Ibíd, 51.
[92] Ibíd, 79.
[93] Ibíd, 114.
[94] Ibíd, 118.
[95] Ibíd, 163.

sus estatutos y decretos" (Esd 7: 10). El ministerio de Esdras es descrito en el capítulo once. El amor se demuestra con la diligencia en la preparación de la enseñanza, la planificación del contenido y experiencias afines, tanto con el aprendizaje de los estudiantes, sus trasfondos e intereses, como el contexto de la enseñanza. Esto incluye el hábito de orar para que el Espíritu de Dios obre en la enseñanza, sobre todo en los corazones y las vidas de los estudiantes. El maestro debe incluirse a sí mismo en la preparación. Su corazón, alma, mente y fuerza deben ser vivificados espiritualmente para que con claridad y agudeza enseñe a vivir, amar y morir para Dios.

Más allá de la preparación, el amor se manifiesta con una buena comunicación, escuchar con atención y el diálogo civilizado. Al escuchar a los estudiantes se honra la realidad de que el Espíritu a veces habla más clara y apropiadamente a través de ellos que del maestro. El amor se demuestra, también, en la medida en que la enseñanza da espacio al aprendizaje cooperativo. Debe haber espacio para lo que Parker Palmer ha descrito como "la práctica de la comunidad de la verdad".[96] El amor se manifiesta en la enseñanza que se interesa lo suficiente como para afirmar y enfrentar a los estudiantes con la verdad y sus reclamos sobre nuestras vidas.

La evaluación de la enseñanza es una tercera fase para darle rienda suelta al amor. El tomarse el tiempo y espacio para meditar sobre el aprendizaje y que los estudiantes comprendan su recorrido educativo, demuestra un interés en que el aprendizaje obtenido en el aula o en otra ocasión sea integrado a lo cotidiano. Es allí en donde esas nuevas verdades son puestas a prueba y confirmadas o descontadas. La enseñanza que fomenta la libertad de amar conlleva a que se tomen riesgos inevitables.

La colaboración con el Espíritu Santo es crucial para que el amor sature la preparación, instrucción y evaluación de la enseñanza. Hay que mantenerlo con la oración, el cuidado personal y las prácticas de fe, incluyendo los tiempos de adoración y servicio fuera del salón de clases.

---

[96] Parker Palmer, "To Know as we are Known: Education as a Spiritual Journey" (Conocer como somos conocidos: la educación como un viaje spiritual) (San Francisco: Harper San Francisco, 1993), xii.

CAPÍTULO 8

La enseñanza y la libertad de la fe

Robert W. Pazmiño

Una fe libre se traduce en servicio y misión tanto dentro de la comunidad cristiana como en el mundo en general. Esta se expresa en acciones vivas, tales como las ejemplificadas por los héroes y las heroínas de la fe cristiana. Sus vidas son descritas en el capítulo 11 de la Epístola a los Hebreos en el Nuevo Testamento. También, se expresa en una serie de obras que, según la Epístola de Santiago, son esenciales para decidir si está viva o muerta (St 1: 2-27; 2: 14-26). Sin embargo, es menester que definamos qué es la fe, para entonces, explorar esos marcos bíblicos para su libre expresión y obra en los fieles.

¿Qué es la fe?

La definición de la fe ha sido discutida con relación a la enseñanza y el intento de asignarles etapas o estilos que varían a lo largo de la vida. Este pronóstico de la dinámica y los asuntos relacionados con la fe tiene como fin el mejorar el desarrollo y la formación de la fe de cada persona y su relación con la comunidad, la cual, a su vez, está interesada en transmitirles su legado de fe a las próximas generaciones. En este campo se destacan las obras históricas de James Fowler, autor de *Etapas de la fe*[97], en la que presenta su teoría sobre el desarrollo de la fe individual, y John Westerhoff, autor de *¿Tendrán fe nuestros hijos?*[98], en la que trata de identificar los estilos de fe y su influencia sobre la formación individual. Fowler, por su parte, prefiere un modelo de fe como verbo vinculado con las narrativas de la vida. Esto contradice la interpretación tradicional de la fe como un don que Dios ha puesto a disposición de la humanidad, por su gracia, y al que cada persona responde espiritualmente Por el otro lado, Westerhoff, compara la progresión de

[97] James W. Fowler *Stages of Faith: The Psychology of Human Development and the Quest for Meaning* (San Francisco: Harper & Row, 1981), 117-213.
[98] John H. Westerhoff, *Will Our Children Have Faith?* (New York: Seabury, 1976), 89-91.

los estilos de fe con los anillos que marcan el crecimiento de los árboles, ya que el tiempo los nutre y solamente son visibles cuando el tronco es cortado. Ambos esfuerzos ofrecen instrumentos intelectuales que los maestros y las maestras fieles pueden utilizar en su ministerio de fomentar la fe de las personas que han acogido la fe cristiana como discípulos de Jesús. Jesús prometió que el Espíritu Santo guiaría la fe de sus seguidores (Jn 14: 15-31; 15: 26-27; 16: 4-15).

Dentro de la tradición cristiana se destaca el uso bíblico de la fe tal y como aparece en el capítulo 11, versículo 1 de Hebreos: "Es, pues, la fe la certeza de lo que se espera, la convicción de lo que no se ve". En este caso, sugiere una certeza y convicción personal, mientras que, al mismo tiempo plantea la pregunta de su objeto y sujeto. Este pasaje, citado a continuación en su totalidad, sugiere que el Dios vivo es el objeto de esa fe personal y que sus sujetos incluyen su relación con el Dios que se les ha revelado:

> Es, pues, la fe la certeza de lo que se espera, la convicción de lo que no se ve. Porque por ella alcanzaron buen testimonio los antiguos. Por la fe entendemos haber sido constituido el universo por la palabra de Dios, de modo que lo que se ve fue hecho de lo que no se veía. Por la fe Abel ofreció a Dios más excelente sacrificio que Caín, por lo cual alcanzó testimonio de que era justo, dando Dios testimonio de sus ofrendas; y muerto, aún habla por ella. Por la fe Enoc fue traspuesto para no ver muerte, y no fue hallado, porque lo traspuso Dios; y antes que fuese traspuesto, tuvo testimonio de haber agradado a Dios. Pero sin fe es imposible agradar a Dios; porque es necesario que el que se acerca a Dios crea que le hay, y que es galardonador de los que le buscan.
>
> Por la fe Noé, cuando fue advertido por Dios acerca de cosas que aún no se veían, con temor preparó el arca en que su casa se salvase; y por esa fe condenó al mundo, y fue hecho heredero de la justicia que viene por la fe. Por la fe Abraham, siendo llamado, obedeció para salir al lugar que había de recibir como herencia; y salió sin saber a dónde iba. Por la fe habitó como extranjero en la tierra prometida como en tierra ajena, morando en tiendas con Isaac y Jacob, coherederos de la misma promesa; porque esperaba la ciudad que tiene fundamentos, cuyo arquitecto y constructor es Dios. Por la fe también la misma Sara, siendo estéril, recibió fuerza para concebir; y dio a luz aun fuera del tiempo de la edad, porque creyó que era fiel quien lo había prometido. Por lo cual también, de uno, y ése ya casi muerto, salieron como las estrellas del cielo en multitud, y como la arena innumerable que está a la orilla del mar.
>
> Conforme a la fe murieron todos éstos sin haber recibido lo prometido, sino mirándolo de lejos, y creyéndolo, y saludándolo, y confesando que eran extranjeros y peregrinos sobre la tierra.

Porque los que esto dicen, claramente dan a entender que buscan una patria; pues si hubiesen estado pensando en aquella de donde salieron, ciertamente tenían tiempo de volver. Pero anhelaban una mejor, esto es, celestial; por lo cual Dios no se avergüenza de llamarse Dios de ellos; porque les ha preparado una ciudad.

Por la fe Abraham, cuando fue probado, ofreció a Isaac; y el que había recibido las promesas ofrecía su unigénito, habiéndosele dicho: En Isaac te será llamada descendencia; pensando que Dios es poderoso para levantar aun de entre los muertos, de donde, en sentido figurado, también le volvió a recibir. Por la fe bendijo Isaac a Jacob y a Esaú respecto a cosas venideras. Por la fe Jacob, al morir, bendijo a cada uno de los hijos de José, y adoró apoyado sobre el extremo de su bordón. Por la fe José, al morir, mencionó la salida de los hijos de Israel, y dio mandamiento acerca de sus huesos. Por la fe Moisés, cuando nació, fue escondido por sus padres por tres meses, porque le vieron niño hermoso, y no temieron el decreto del rey. Por la fe Moisés, hecho ya grande, rehusó llamarse hijo de la hija de Faraón, escogiendo antes ser maltratado con el pueblo de Dios, que gozar de los deleites temporales del pecado, teniendo por mayores riquezas el vituperio de Cristo que los tesoros de los egipcios; porque tenía puesta la mirada en el galardón. Por la fe dejó a Egipto, no temiendo la ira del rey; porque se sostuvo como viendo al Invisible. Por la fe celebró la pascua y la aspersión de la sangre, para que el que destruía a los primogénitos no los tocase a ellos.

Por la fe pasaron el Mar Rojo como por tierra seca; e intentando los egipcios hacer lo mismo, fueron ahogados. Por la fe cayeron los muros de Jericó después de rodearlos siete días.

Por la fe Rahab la ramera no pereció juntamente con los desobedientes, habiendo recibido a los espías en paz.

¿Y qué más digo? Porque el tiempo me faltaría contando de Gedeón, de Barac, de Sansón, de Jefté, de David, así como de Samuel y de los profetas; que por fe conquistaron reinos, hicieron justicia, alcanzaron promesas, taparon bocas de leones, apagaron fuegos impetuosos, evitaron filo de espada, sacaron fuerzas de debilidad, se hicieron fuertes en batallas, pusieron en fuga ejércitos extranjeros.

Las mujeres recibieron sus muertos mediante resurrección; mas otros fueron atormentados, no aceptando el rescate, a fin de obtener mejor resurrección. Otros experimentaron vituperios y azotes, y a más de esto prisiones y cárceles. Fueron apedreados, aserrados, puestos a prueba, muertos a filo de espada; anduvieron de acá para allá cubiertos de pieles de ovejas y de cabras, pobres, angustiados, maltratados; de los cuales el mundo no era digno; errando por los desiertos, por los montes, por las cuevas y por las cavernas de la tierra. Y todos éstos, aunque alcanzaron buen testimonio mediante la fe, no recibieron lo prometido; proveyendo Dios alguna cosa mejor

> para nosotros, para que no fuesen ellos perfeccionados aparte de nosotros.

Dentro de la rica exposición de la fe del autor de Hebreos, el versículo 2 claramente afirma que la relación con Dios es esencial para que esta se exprese libremente y que la aprobación de Dios está en juego. El versículo 3 sugiere que la comprensión es importante, relacionándola con el amor a Dios con toda la mente a lo largo de la peregrinación de la vida. Este amor es una invitación al aprendizaje constante, puesto que ser discípulo es sinónimo de aprendiz. La fe es constatada es los testimonios de los fieles como Abel, Enoc, Noé, Abraham, Isaac, Jacob, José, los padres de Moisés, Moisés y el pueblo, así como un sinnúmero de gente como Rahab, Gedeón, Barac, Sansón, Jefté, David, Samuel, profetas y mujeres (vv. 4-35). El pasaje resalta a los que sufrieron en gran manera, a los que vagaron por los desiertos, las montañas, en cuevas y agujeros, junto con aquellos que no fueron librados de pruebas grandes ni de la muerte por causa de su fe (vv. 35-40). A todos se les elogia y promete la provisión de Dios a pesar de sus diversas experiencias. Nótese que, en este extenso recuento de personas fieles y ejemplares, pocas mujeres son mencionadas por nombre, como Rahab. A esta pudieran añadírsele Sara, Agar, Rebeca, Raquel, Lea, Miriam, Séfora, Fúa, Débora, Hulda y Ester, junto con muchísimas otras como las María, Marta y María Magdalena de los relatos del Nuevo Testamento.

Esta lista de Hebreos debe ser tomada en cuenta con el capítulo 2, versículos del 8 al 10 de Efesios, para que comprendamos el significado de la fe:

> Porque por gracia sois salvos por medio de la fe; y esto no de vosotros, pues es don de Dios; no por obras, para que nadie se gloríe. Porque somos hechura suya, creados en Cristo Jesús para buenas obras, las cuales Dios preparó de antemano para que anduviésemos en ellas.

La fe es la respuesta humana al don de la gracia de Dios en Jesucristo. Pablo, el autor de Efesios, claramente la identifica como un don de Dios para la humanidad, en lugar del resultado de sus obras; sin embargo, la libre expresión de ese don en los seguidores de Jesús produce buenas obras. He aquí una confirmación de la enseñanza de la Epístola de Santiago, la cual vincula explícitamente la fe con las acciones u obras de los cristianos en su servicio, misión y evangelización del mundo. Los cristianos son enviados a vivirla en el mundo, con todos sus retos, senderos y pruebas (Stgo 1: 2-27, 2: 14-26). El primer capítulo de dicha epístola declara:

Hermanos míos, tened por sumo gozo cuando os halléis en diversas pruebas, sabiendo que la prueba de vuestra fe produce paciencia. Mas tenga la paciencia su obra completa, para que seáis perfectos y cabales, sin que os falte cosa alguna. Y si alguno de vosotros tiene falta de sabiduría, pídala a Dios, el cual da a todos abundantemente y sin reproche, y le será dada. Pero pida con fe, no dudando nada; porque el que duda es semejante a la onda del mar, que es arrastrada por el viento y echada de una parte a otra. No piense, pues, quien tal haga, que recibirá cosa alguna del Señor.

El hombre de doble ánimo es inconstante en todos sus caminos.

El hermano que es de humilde condición, gloríese en su exaltación; pero el que es rico, en su humillación; porque él pasará como la flor de la hierba. Porque cuando sale el sol con calor abrasador, la hierba se seca, su flor se cae, y perece su hermosa apariencia; así también se marchitará el rico en todas sus empresas. Bienaventurado el varón que soporta la tentación; porque cuando haya resistido la prueba, recibirá la corona de vida, que Dios ha prometido a los que le aman. Cuando alguno es tentado, no diga que es tentado de parte de Dios; porque Dios no puede ser tentado por el mal, ni él tienta a nadie; sino que cada uno es tentado, cuando de su propia concupiscencia es atraído y seducido. Entonces la concupiscencia, después que ha concebido, da a luz el pecado; y el pecado, siendo consumado, da a luz la muerte. Amados hermanos míos, no erréis. Toda buena dádiva y todo don perfecto desciende de lo alto, del Padre de las luces, en el cual no hay mudanza, ni sombra de variación. El, de su voluntad, nos hizo nacer por la palabra de verdad, para que seamos primicias de sus criaturas. Por esto, mis amados hermanos, todo hombre sea pronto para oír, tardo para hablar, tardo para airarse; porque la ira del hombre no obra la justicia de Dios. Por lo cual, desechando toda inmundicia y abundancia de malicia, recibid con mansedumbre la palabra implantada, la cual puede salvar vuestras almas. Pero sed hacedores de la palabra, y no tan solamente oidores, engañándoos a vosotros mismos. Porque si alguno es oidor de la palabra pero no hacedor de ella, este es semejante al hombre que considera en un espejo su rostro natural. Porque él se considera a sí mismo, y se va, y luego olvida cómo era. Mas el que mira atentamente en la perfecta ley, la de la libertad, y persevera en ella, no siendo oidor olvidadizo, sino hacedor de la obra, este será bienaventurado en lo que hace. Si alguno se cree religioso entre vosotros, y no refrena su lengua, sino que engaña su corazón, la religión del tal es vana. La religión pura y sin mácula delante de Dios el Padre es esta: Visitar a los huérfanos y a las viudas en sus tribulaciones, y guardarse sin mancha del mundo.

Este pasaje vincula la fe con la acción; los oyentes de palabras fieles están llamados a ser hacedores fieles en el mundo. La prueba de la fe, como bien lo ejemplifican las vidas mencionadas en Hebreos, está en las obras. Tanto ellos como nosotros somos amonestados a que pidamos sabiduría para nuestras decisiones y acciones. La fe es comprobada por el cuidado dado a los huérfanos y las viudas, la pureza con que nos examinamos y el discernimiento de lo que hablamos. Otras consecuencias de la fe mencionadas en el pasaje son la rapidez para escuchar y la lentitud para hablar y enojarse. Santiago continúa sus instrucciones para la vida fiel en el capítulo 2:

> Hermanos míos, ¿de qué aprovechará si alguno dice que tiene fe, y no tiene obras? ¿Podrá la fe salvarle? Y si un hermano o una hermana están desnudos, y tienen necesidad del mantenimiento de cada día, y alguno de vosotros les dice: Id en paz, calentaos y saciaos, pero no les dais las cosas que son necesarias para el cuerpo, ¿de qué aprovecha? Así también la fe, si no tiene obras, es muerta en sí misma. Pero alguno dirá: Tú tienes fe, y yo tengo obras. Muéstrame tu fe sin tus obras, y yo te mostraré mi fe por mis obras. Tú crees que Dios es uno; bien haces. También los demonios creen, y tiemblan. ¿Mas quieres saber, hombre vano, que la fe sin obras es muerta? ¿No fue justificado por las obras Abraham nuestro padre, cuando ofreció a su hijo Isaac sobre el altar? ¿No ves que la fe actuó juntamente con sus obras, y que la fe se perfeccionó por las obras? Y se cumplió la Escritura que dice: Abraham creyó a Dios, y le fue contado por justicia, y fue llamado amigo de Dios. Vosotros veis, pues, que el hombre es justificado por las obras, y no solamente por la fe. Asimismo también Rahab la ramera, ¿no fue justificada por obras, cuando recibió a los mensajeros y los envió por otro camino? Porque como el cuerpo sin espíritu está muerto, así también la fe sin obras está muerta.

El creyente tiene que vivir la fe. Del salón de la fama de Hebreos son tomados los ejemplos de Abraham y Rahab. Sus vidas son testimonio de integridad tanto en su confesión como expresión de fe. Esta es vinculada al servicio que llevaron a cabo a pesar de los riesgos por la misión de Dios en el mundo. El Espíritu Santo es quien incita y acompaña estas acciones u obras de fe en sus diversos escenarios. El Espíritu Santo colabora con los espíritus humanos que están receptivos a la obra de Dios y a cumplir su voluntad y los propósitos descritos en su Palabra. Jesucristo modeló está colaboración con el Espíritu durante su vida, muerte y resurrección[99]. ¿Qué permite que experimentos la fe con libertad?

¿Libertad de fe?

La fe libre celebrada en el capítulo 11 de Hebreos plantea la pregunta de si su ejercicio es libre en sí. El escritor da por sentado una libertad de religión que, paradójicamente, para algunos es la elección de librarse de la religión. Como persona de fe, me interesa que la libertad religiosa permita la expresión plena de la fe y, dentro de mi tradición bautista, la libertad del alma. La libertad del alma permite que cada quien siga su conciencia y elección personal de una creencia religiosa, su expresión y ejercicio en la comunidad y la sociedad. Esta libertad se opone a la imposición y coerción de la fe, pero honra la oportunidad de compartir sus creencias y prácticas religiosas. Esta participación debe ser protegida siempre y cuando no amenace el bien común ni los derechos humanos universales. Esos derechos están implícitos en la visión bíblica del valor y la dignidad de cada ser humano que ha sido creado a la imagen de Dios. Por lo tanto, merecen que la ley los cuide y proteja en igualdad de condiciones. La libertad de fe y sus dimensiones teológicas presuponen que esta es un don de la gracia del Espíritu Santo sobre los corazones, espíritus y mentes de los seres humanos.

Dimensiones teológicas de la fe

La realidad de la fe en la enseñanza está relacionada con la manera en que tradicionalmente ha sido interpretada en la teología. Esta debe ser tomada en cuenta en términos de las dimensiones de *notitia* (afirmación intelectual), *assensus* (afirmación afectiva) y fiducia (afirmación intencional). Estas dimensiones interactúan entre sí para fomentar la acogida de Dios y de la libertad que pretende darle a la humanidad. El equilibrio entre la libertad y la forma afirma el ardor y el orden en la vida fiel. Las afirmaciones intelectuales, afectivas e intencionales de la fe descansan sobre la realidad y la revelación de Dios.

En lo que concierne a la dimensión intelectual de la fe (*notitia*), 2 Corintios, capítulo 10, versículos del 4b al 5, sugieren que los maestros traigan cautivo a todo pensamiento a la mente de Cristo 5: "… derribando argumentos y toda altivez que se levanta contra el conocimiento de Dios, y llevando cautivo todo pensamiento a la

[99] Una discusión más detallada del ejemplo y la agenda educativa de Cristo aparece en Robert W. Pazmiño, *So What Makes Our Teaching Christian: Teaching in the Name, Spirit and Power of* Jesus (Qué tiene de cristiana nuestra educación: enseñando en el nombre, Espíritu y poder de Jesús) (Eugene, OR: Wipf & Stock, 2008).

obediencia a Cristo". El "tener la mente de Cristo" requiere la imitación de su humildad, tal y como se enseña en el capítulo 2, versículos del 5 al 8 de Filipenses:

> Haya, pues, en vosotros este sentir que hubo también en Cristo Jesús, el cual, siendo en forma de Dios, no estimó el ser igual a Dios como cosa a que aferrarse, sino que se despojó a sí mismo, tomando forma de siervo, hecho semejante a los hombres; y estando en la condición de hombre, se humilló a sí mismo, haciéndose obediente hasta la muerte, y muerte de cruz.

Dentro de la enseñanza no hay cabida para el orgullo intelectual, sino la búsqueda de amar a Dios con toda la mente, reflejando las glorias de su creación y la sabiduría divina y verdadera, la cual contradice a la sabiduría humana (Stgo 3: 13-18). Octavio Esqueda hace unas observaciones profundas al respecto:

> La Epístola de Santiago nos ofrece una perspectiva completa sobre la verdadera sabiduría y la manera en que se hace evidente a los que nos rodean. El bien conocido capítulo 3 trata de la importancia de la lengua y su gran influencia para el bien y el mal. De hecho, este pasaje empieza con una severa advertencia para cualquiera que desee ser maestro, ya que su lengua es el instrumento para impartir la instrucción y, por lo tanto, será sometida a un juicio más estricto si es usada mal.
>
> Santiago concluye su vívida descripción de la influencia de la lengua con una pregunta muy interesante en el versículo 13: "¿Quién es sabio y entendido entre vosotros?". Su interrogatorio franco y directo nos confronta con el significado amplio de la sabiduría. La respuesta que nos brinda es sorprendente para nuestros estándares porque argumenta que esta va más allá de la retención o compresión del conocimiento: "Muestre por la buena conducta sus obras en sabia mansedumbre". Nos recuerda que la verdadera sabiduría se refleja en la conducta. La desgracia es que en el mundo de la educación superior rara vez encontramos eruditos humildes. Cuando ocurre, son excepciones en lugar de la norma, como debería de ser en el ámbito de la educación superior cristiana.
>
> Santiago también, contrasta la sabiduría que refleja al Creador con aquella que contradice el ideal divino. Con franqueza expone las características de la sabiduría impía: "Pero si tenéis celos amargos y contención en vuestro corazón, no os jactéis, ni mintáis contra la verdad; porque esta sabiduría no es la que desciende de lo alto, sino terrenal, animal, diabólica. Porque donde hay celos y contención, allí hay perturbación y toda obra perversa" (Stgo 3: 14-16).
>
> Por otra parte, la sabiduría piadosa manifiesta las siguientes características: "Pero la sabiduría que es de lo alto es primeramente

pura, después pacífica, amable, benigna, llena de misericordia y de buenos frutos, sin incertidumbre ni hipocresía. Y el fruto de justicia se siembra en paz para aquellos que hacen la paz" (Stgo 3: 17-18).

Por lo tanto, las personas sabias lo demuestran con su comportamiento, en lugar de sus conocimientos o logros académicos. Según Santiago, la ambición celosa y egoísta es evidencia de una sabiduría terrenal, natural y demoníaca que no refleja al Señor del universo. Sus palabras son una fuerte advertencia contra las disputas dentro de las denominaciones, iglesias e instituciones académicas. La verdadera sabiduría fomenta la paz y la cordialidad. Los sabios son pacíficos y su presencia es un refrigerio para los demás.

La verdadera sabiduría está al alcance de todos, pero a la vez, siempre cuesta alcanzarla. La Escritura nos recuerda que el conocimiento puede llevar a la arrogancia, pero el amor edifica siempre. Mi anhelo es que mis alumnos y conocidos digan de mí sinceramente, "magister meus doctus est". ¿Qué tan sabio es usted? No tiene que contestarme verbalmente, pues ya está respondiendo con su vida ante todo el mundo.[100]

La libertad de fe incluye la libertad de pensamiento y guarda cierta relación con la libertad de cátedra de los profesores, así como la libertad de pensamiento crítico, creativo y de reflexión de los estudiantes. Estos compromisos implican que las prácticas educativas permitan el hacer preguntas y la búsqueda genuina de la verdad, dando espacio suficiente al diálogo de acuerdo con la madurez y experiencia de los participantes.

La libertad de fe en la dimensión de *assensus* celebra y honra la libertad de la fe cristiana, la cual veo encarnada en el histórico Credo de los Apóstoles:

Creo en Dios, Padre Todopoderoso,
Creador del cielo y de la tierra.
Creo en Jesucristo, su único Hijo, Nuestro Señor,
que fue concebido por obra y gracia del Espíritu Santo,
nació de Santa María Virgen,
padeció bajo el poder de Poncio Pilato
fue crucificado, muerto y sepultado,
descendió a los infiernos,
al tercer día resucitó de entre los muertos,
subió a los cielos
y está sentado a la derecha de Dios, Padre todopoderoso.

[100] Véase la discusión informativa de Octavio Esqueda sobre este texto en el blog de profesores de la Escuela de Teología Talbot: https://www.biola.edu/blogs/good-book-blog/2011/my-professor-is-wise

Desde allí ha de venir a juzgar a vivos y muertos.
Creo en el Espíritu Santo,
la santa Iglesia católica,
la comunión de los santos,
el perdón de los pecados,
la resurrección de la carne
y la vida eterna.
Amén.

Aunque los credos no forman parte de mi tradición protestante, encuentro que me ayudan a trazar las creencias básicas que deben guiar la enseñanza[101]. La afirmación intelectual de la fe se expande sobre este fundamento para considerar variedades de personas, comunidades, tradiciones y contextos.

La dimensión afectiva de la fe (*assensus*) se expresa en la enseñanza a través de la afirmación de que Dios cuida y se lamenta por su creación y la precaria situación de la humanidad. Como Dios cuida a los seres humanos, restaurándolos a su comunión por Jesucristo y a través del ministerio del Espíritu Santo, los maestros cuidan de sus estudiantes, la comunidad y la sociedad en general. El lamento es apropiado en vista del sufrimiento humano, el cual incluye a la creación que gime por la consumación prometida:

> Porque sabemos que toda la creación gime a una, y a una está con dolores de parto hasta ahora; y no sólo ella, sino que también nosotros mismos, que tenemos las primicias del Espíritu, nosotros también gemimos dentro de nosotros mismos, esperando la adopción, la redención de nuestro cuerpo (Rm 8: 22-23).

La expresión de nuestros sentimientos está relacionada con amar a Dios con todo nuestro corazón y alma, lo cual es atendido en la dimensión afectiva de la enseñanza (Lc 10: 27)[102]. La libertad de expresión emocional nutre la creatividad, la imaginación y el arte como vemos en los ministerios de Bezalel y Oholiab en las Escrituras Hebreas (Ex 31: 2-5; 35: 30-34; 38: 23). Se dice que el Espíritu de Dios ungió sus

---

[101] Véase mi discusión del Credo de los Apóstoles en Robert W. Pazmiño, *Foundational Issues in Christian Education: An Introduction in Evangelical Perspective* (Problemas básicos de la educación cristiana: una introducción desde una perspectiva evangélica) 3rd ed. (Grand Rapids: Baker Academic, 2008), págs. 69-72.

[102] Véase Mary Elizabeth Mullino Moore, *Teaching from the Heart: Theology and Educational Method* (Enseñando de corazón: teología y método educativo) (Harrisburg, Pa.: Trinity Press International, 1998), quien aborda la calidad de la enseñanza desde la perspectiva del corazón que recibe al Espíritu de vida (pág. ix).

obras artísticas y su labor de enseñanza de oficios relacionados con la decoración del tabernáculo, lugar del culto comunal.

La dimensión intencional de la fe (*fiducia*) se refiere al compromiso, la devoción y la disciplina. Esdras, el escriba a quien Dios colocó como líder durante un período de transición y lucha en la vida de Israel, es un modelo ejemplar de esta devoción fiel. El capítulo 7, versículo 10 de Esdras señala lo siguiente: "Porque Esdras había preparado su corazón para inquirir la ley de Jehová y para cumplirla, y para enseñar en Israel sus estatutos y decretos". La disposición de su corazón habla de su devoción y dedicación, aun cuando le costaron. La devoción y el compromiso son retos importantes en medio de una época que glorifica la comodidad y el placer personal. La fidelidad puede ser exigente y costosa, y a menudo es evitada en pro de soluciones rápidas, tanto en la vida personal como pública. La vida de Jesús es un gran ejemplo porque la cruz representa una alternativa distinta a muchas de las normas culturales y prácticas de la vida personal y corporativa (Lc 9: 23).

Una notable excepción a este patrón cultural de narcisismo es que, en muchos ambientes locales y globales, se espera que las mujeres se dediquen al cuido de los demás. Carol Lakey Hess expone este patrón en *Cuidadores de nuestra casa común*, en donde el sacrificio se convierte en pecado a expensas del desarrollo de las mujeres[103]. Los maestros y las maestras cristianas deben cuidar sus propias casas (el ser), así como la casa común (la comunidad de fe y el mundo). Este esfuerzo requiere que tengamos claras nuestras intenciones y compromisos. Además, el amor al prójimo requiere que nos amemos y cuidemos de nosotros mismos, para que así, evitemos el agotamiento y el cansancio en el servicio y la misión. La fiducia y su libre ejercicio implican decisiones limitadas. Las opciones deben ser edificantes y contribuir a la vida de la comunidad porque ninguna persona es una isla en sí misma, como lo evidencia la creación y sus redes de colaboración. La fe tiene un carácter intergeneracional para que perdure en las comunidades de fe. Las áreas de elección personal tienen dimensiones comunales, corporativas y sistémicas, las cuales serán exploradas en la tercera parte de este volumen. La libertad de fe honra lo que Dios ha querido que cada persona explore y madure a lo largo de su vida y en la compañía del Espíritu Santo.

La fe básicamente implica una confianza en Dios. Así lo resume un acróstico (*faith*) que aprendí en mis años de escuela dominical en Brooklyn, Nueva York:

---

[103] Carol Lakey Hess, *Caretakers of our Common House: Women's Development in Communities of Faith* (Nashville: Abingdon, 1997), 38.

Abandonando (**F**orsaking)
Todo (**A**ll)
Yo (**I**)
Confío en (**T**rust)
Él (**H**im)

Este acróstico estaba bien arraigado a uno de mis versículos favoritos, Proverbios 3, versículos del 5 al 6: "Fíate de Jehová de todo tu corazón, y no te apoyes en tu propia prudencia. Reconócelo en todos tus caminos, y él enderezará tus veredas". La confianza en Dios debe dar frutos y se expresa en todas las maneras de vivir y se comparte de forma personal y comunitaria.

CAPÍTULO 9

La enseñanza y la libertad de la esperanza

Robert W. Pazmiño

La enseñanza cristiana implica la examinación y celebración de una serie de riesgos y factores. La enseñanza que descubre la verdad puede conducir a la desesperanza en torno a las realidades y los desafíos actuales. En cambio, la fe cristiana ha reafirmado históricamente las palabras del apóstol Pablo: "Porque el Señor es el Espíritu; y donde está el Espíritu del Señor, allí hay libertad" (2 Co 3: 17). Esta libertad se expresa en esperanza, así como otras virtudes cristianas. Jesús proclama un mensaje de esperanza en su primera enseñanza pública, registrada en el capítulo 4, versículos del 18 al 19 de Lucas:

> El Espíritu del Señor está sobre mí, por cuanto me ha ungido para dar buenas nuevas a los pobres; me ha enviado a sanar a los quebrantados de corazón; a pregonar libertad a los cautivos, y vista a los ciegos; a poner en libertad a los oprimidos; a predicar el año agradable del Señor.

Mediante la exploración de los recursos de Dios y el ministerio transformador del Espíritu Santo, los maestros discípulos de Jesús ofrecen alternativas a la desesperación y desesperanza de muchos, sobre todo si han sido marginados y desatendidos por la sociedad en general. Los educadores cristianos estamos llamados a descansar en Dios, quien en su gracia nos usará en la medida en que colaboremos con su Espíritu. El Espíritu está en el mundo inspirando acciones de esperanza para el sostenimiento de la vida de acuerdo con el propósito de Dios.[104] Los relatos bíblicos de nuestra esperanza cristiana guían y sustentan el esfuerzo de darle libertad a la esperanza en la enseñanza.

---

104 Véase Robert W. Pazmiño, "God our Teacher: Theological Basics in Christian Education" (Dios nuestro Maestro: Teología básica en la educación cristiana) (Grand Rapids: Baker Academic, 2001) y su discusión de Dios obrando a pesar de nosotros.

Relatos bíblicos

Como cristianos, el Espíritu de Dios nos ha adoptado en la familia de Dios, como el primer fruto de nuestra herencia junto con sus bendiciones presentes y futuras. Pablo describe este legado en el capítulo 8, versículos del 15 al 17 de Romanos:

> Pues no habéis recibido el espíritu de esclavitud para estar otra vez en temor, sino que habéis recibido el espíritu de adopción, por el cual clamamos: ¡Abba, Padre! El Espíritu mismo da testimonio a nuestro espíritu, de que somos hijos de Dios. Y si hijos, también herederos; herederos de Dios y coherederos con Cristo, si es que padecemos juntamente con él, para que juntamente con él seamos glorificados.

En su Epístola a los Efesios llega a la misma conclusión sobre la herencia espiritual de los seguidores de Jesús:

> En él también vosotros, habiendo oído la palabra de verdad, el evangelio de vuestra salvación, y habiendo creído en él, fuisteis sellados con el Espíritu Santo de la promesa, que es las arras de nuestra herencia hasta la redención de la posesión adquirida, para alabanza de su gloria (Ef 1: 13-14).

La adopción y el don del Espíritu Santo confrontan la cultura del miedo con una herencia de esperanza, seguridad y valentía de cara a los desafíos de la vida comunitaria. Los educadores cristianos ministran con la esperanza de que, durante ese tiempo de aprendizaje compartido, el Espíritu transformará las vidas en maneras que glorifiquen a Dios y renueven a la creación. Esta transformación es una fuente de gozo y esperanza para todas las generaciones. El apóstol Pablo explica el ministerio de la esperanza del Espíritu Santo: “Y la esperanza no avergüenza; porque el amor de Dios ha sido derramado en nuestros corazones por el Espíritu Santo que nos fue dado” (Rom 5: 5). En nuestra vida y enseñanza debemos tener presente nuestra bendita esperanza en Cristo, quien un día destruirá el dolor, el sufrimiento y la muerte para siempre (Ap 21: 1-7). Quiero ilustrar este principio con un ejemplo del ministerio en East Harlem, en la ciudad de Nueva York.

Experiencia ministerial

Durante mi ministerio en East Harlem, en la ciudad de Nueva York, de 1972 a 1981, fui testigo de la manera en que la enseñanza fiel y el apoyo educativo de la congregación rindió fruto en los ministerios de los reverendos y hermanos Luis y Danny Cortés. Este último es el líder de los Ministerios Esperanza en la ciudad de Filadelfia, en el estado de Pensilvania. Su influencia es palpable tanto en los Estados Unidos como a través de las Escuelas de Esperanza que han establecido en Panamá. A la juventud hispana de Nueva York en los años setenta se les daba el mensaje implícito de que eran miembros de lo que más tarde llegaría a conocerse como la "subclase permanente" de la sociedad de los Estados Unidos. La congregación les impartió una enseñanza que los liberó de las expectativas limitadas del resto de la juventud hispana del centro de la ciudad. Fue así como se dedicaron a ministerios que imparten esperanza a muchísimos jóvenes, sus familias y comunidades, tanto a nivel nacional como internacional.

Luis y Danny fueron miembros de la sociedad de jóvenes y jóvenes adultos de la Segunda Iglesia Bautista Hispana de East Harlem, en Nueva York. Yo fui uno de sus consejeros, junto con el matrimonio dedicado de Jaime e Iris Rivera, cuyos tres hijos eran parte del ministerio. El ministerio de la juventud se llevó a cabo de 1972 a 1981. Más adelante, de nuestra casa saldría un equipo adiestrado de líderes laicos. Mis exalumnos de la Escuela de Teología Andover Newton también, han servido como líderes en Esperanza, coordinando con las iglesias locales y la sólida administración académica de la ex decana Elizabeth Conde-Frazier en la recién inaugurada Universidad de la Esperanza *(Esperanza College)*, dirigida a los estudiantes hispanos. Por mucho tiempo estos se vieron privados de una educación universitaria contextualizada. Ahora, la universidad está afiliada a la Universidad del Este (*Eastern University*) y ofrece cursos en su lengua materna, así como en inglés. Además, otros programas educativos fueron puestos en marcha, como la Academia Esperanza para estudiantes de escuela secundaria. Esperanza es un modelo para el equipamiento educativo y en otros ministerios públicos de las comunidades, iglesias, familias y personas hispanas. Luis hizo la invocación en el almuerzo ofrecido durante la segunda inauguración del presidente Barack Obama en enero de 2013, quien reconoció públicamente el papel de los votantes hispanos en su reelección.

La enseñanza equipada por el Espíritu Santo permitió que estos jóvenes hispanos fueran de la desesperanza y el sentido de un futuro limitado a la libertad de la esperanza. Fue así, que su imaginación espiritual se despertó para servirle a una comunidad "que sufre de pobreza, inestabilidad de vivienda, bajo desempeño académico y alta incidencia criminal". Esperanza se ha involucrado en el desarrollo comunitario y económico, la inmigración, la educación (como se ha señalado), sustentabilidad, el desarrollo de la fuerza laboral, iniciativas de salud y hasta climáticas. Esta abarcadora oferta de esperanza tiene el fin de mejorar las vidas de las familias hispanas y otros grupos étnicos que residen en la ciudad de Filadelfia, conocida como la "ciudad del amor fraternal".

Agustín de Hipona, uno de los grandes maestros de la fe cristiana del norte de África, nos ofrece una perspectiva histórica para este esfuerzo de liberar la esperanza en la enseñanza que es inspirada y ungida por el Espíritu.

Agustín habla de la esperanza

Agustín señala lo siguiente: "La esperanza tiene dos hijas maravillosas: la ira y el valor. La ira por como son las cosas y el valor para cambiarlas".[105] La ira es incitada por la revelación y el descubrimiento de la verdad (tal y como fuera explorada en el capítulo seis de esta obra), de que las cosas no corresponden con las intenciones ni los propósitos de Dios para la humanidad ni la creación. Además de Jesús y Pablo, Agustín ha sido una de las influencias más grandes para los maestros.[106] La cita anterior ha afectado mis ideas acerca de la enseñanza cristiana, pues también tengo dos hijas encantadoras, una de nacimiento y otra por matrimonio. Rebeca, mi hija natural, es abogada y trabaja en a favor de los marginados para buscar justicia dentro del sistema penal de la ciudad y el estado de Nueva York. Tiene treinta y tantos años de edad, hizo su concentración en sociología y estudios latinos y ha trabajado como abogada pública en el nivel apelativo de la ciudad de Nueva York, trabajando en la prisión de la Isla de Ryker.

Larisa es mi nuera. Fue directora de desarrollo y una de las redactoras de becas de *Facing History and Ourselves* (Enfrentado la historia y a nosotros mismos), una organización educativa y profesional internacional cuya misión es involucrar a estudiantes de diversos orígenes en el examen del racismo, prejuicio y antisemitismo, con el fin de promover el desarrollo de una sociedad más humana e informada. También, ha trabajado en los campos de la medicina y la educación superior en la obtención de recursos y atención médica para los necesitados. Larisa es la madre de mis dos nietos.

Cuando medito en las vidas de mis hijas y sus compromisos vocacionales, veo la esperanza para un futuro en donde el bien común y la necesidad de los demás conducen a una vida de servicio en la

---

[105] Cita tomada de Wilbert J. Mckeachie, "Teaching Tips: Strategies, Research, and Theory for College and University Teachers" (Consejos para la enseñanza: estrategias, investigación y teoría para profesores universitarios) 9 ed. (Lexington, Mass: Heath, 1994), 384.

[106] Una crítica que pudiera hacérsele en contra de su influencia es su tendencia a separar el cuerpo del alma, así como sus ideas distorsionadas de las mujeres y de los judíos, las cuales son evidentes en sus escritos.

comunidad en general. Estos ministerios de esperanza son tan significativos como aquellos que están enfocados en la iglesia local y los esfuerzos de grupos de fe como Esperanza. El ministerio de los laicos es crucial para restaurar la esperanza en la gente que ha sido creada a imagen de Dios y merecedora de atención.

¿Cómo logra la enseñanza cristiana fomentar la esperanza de niños, jóvenes y adultos a pesar de sus circunstancias, decisiones y vocaciones? La manifestación de la ira y el coraje que vemos en las comunidades locales y globales suele estar relacionada con su desesperanza. Muchos jóvenes y adultos viven desesperanzados en un mundo que está asediado por un sinnúmero de miedos. Esos temores, por ejemplo, alimentan la cultura actual de la violencia armada en los Estados Unidos, que tanto ha afectado a los niños y jóvenes. Esta realidad fue traída ante la conciencia nacional en la tragedia ocurrida el 14 de diciembre de 2012 en la Escuela Primaria Sandy Hook del poblado de Newtown, en el estado de Connecticut. En esta murieron veinte niños de primer grado y seis empleados. Para completar su masacre, Adán Lanza, el asesino, mató a su madre y se quitó la vida. Los Estados Unidos como nación tiene que decidir entre la vida y la muerte, la esperanza y la destrucción, tal como se indica históricamente en el capítulo 30, versículos del 11 al 20 de Deuteronomio. El llamado a Israel y, por extensión a todas las naciones, es que confronte a los destructores de la vida dentro de su cultura. En los Estados Unidos, habrá que escoger entre la proliferación de la violencia armada y los beneficios de la lucrativa venta de armas a nivel nacional e internacional; o la propia vida de nuestros niños, jóvenes y adultos y su oportunidad de prosperar con cierto grado de seguridad en los lugares públicos como escuelas, parques de recreo, cines, iglesias, calles y aceras en donde juegan y aprenden. La Primera Enmienda de la Constitución de los Estados Unidos menciona el derecho de reunirse de un modo seguro y el control responsable de las armas. Hace poco viajé con mis estudiantes hacia la frontera entre el estado de Arizona y México para asistir a un curso sobre inmigración. Aprendimos que, mientras que la trata de seres humanos y el tráfico de drogas se mueve hacia el norte de la frontera, el tráfico de armas se mueve hacia el sur. Esas armas contribuyen a la violencia que obliga a la gente a irse al norte entre ellos un gran número de niños y familias.

La enseñanza cristiana libera del miedo y ofrece esperanza a las personas, familias, grupos y comunidades, ya sea en East Harlem, Nueva York, Newtown, Connecticut, Nogales, Arizona o Nogales, México. El apóstol Pablo describe, en su Epístola a los Efesios, la experiencia anterior al advenimiento de la fe como un estado «sin esperanza y sin Dios en el mundo» (Ef 2: 12). En su influyente obra *Race Matters* (La raza importa), Cornel West aboga por una fe religiosa cuya política de conversión ofrezca "la oportunidad de creer que hay esperanza para el futuro y que la lucha tiene significado".[107] La política de West aplica a los afroamericanos y en un sentido más amplio, a toda persona que tenga hambre de libertad, liberación y una nueva vida. Los marginados de la sociedad, a quienes identifico como los *anawim* de las Escrituras, están hambrientos por una vida diferente.[108] Los *anawim* son los pobres, humildes o débiles ante Dios y otros, es decir, los oprimidos y marginados. El Maestro Jesús se dedicó a ministrarles.

Como educadores de fe debemos preguntarnos: ¿Quiénes son los desesperanzados? ¿Cómo podemos hacer la diferencia y servir a Dios abogando por ellos para que experimenten la vida abundante prometida por Jesús (Jn 10: 10)? ¿De qué manera concienciamos a los estudiantes para que colaboren con el Espíritu Santo y lleven la esperanza a un mundo quebrantado, pero amado?

Defensa y perspectivas del tiempo con esperanza

La afirmación de la defensa (a favor de los *anawim*, marginados) en la enseñanza es una empresa de por sí esperanzadora. Paulo Freire, el educador brasileño, señaló la necesidad de educar en la esperanza junto con la tarea docente de la defensa: "Una de las tareas del educador o la educadora progresista... es descubrir las posibilidades - cualesquiera que sean los obstáculos - para la esperanza... Necesitamos la esperanza crítica como el pez necesita el agua incontaminada".[109] La defensa implica que confrontemos y contrarrestemos a los destructores de la vida y darles voz a los que han sido silenciados tanto en el presente como en el pasado. Entre esas voces se encuentran los que perdieron sus vidas en Newtown y un sinnúmero de otras víctimas de la violencia armada y diaria en los Estados Unidos; también, es contra otras formas de violencia estructural que destruyen las posibilidades de la vida abundante que Jesús quiere darle a la gente (Jn 10: 10).

En el 1978, tras haberme graduado del seminario, recibí mi primera llamada ministerial de parte de mi pastor, el reverendo Santiago, quien me solicitó que lo llevara junto con Raúl Sánchez a la morgue de la ciudad de Nueva York. Tuvimos que identificar a Elsa Sánchez, la hija de Raúl, quien había sido asesinada en los Proyectos del Terreno de Polo,

---

[107] Cornel West, "Race Matters" (La raza importa) (Boston: Beacon, 1993), 18.

[108] Véase mi discusión sobre los *anawim* en Robert W. Pazmiño, "By What Authority Do We Teach? Sources for Empowering Christian Educators" (¿Bajo qué autoridad enseñamos? Fuentes para empoderar a los educadores cristianos) (Grand Rapids: Bake, 1994), 63-65, 69, 77, 99, 144.

[109] Traducción de la cita tomada de Paulo Freire, *Pedagogía de la esperanza: un reencuentro con la pedagogía del oprimido*, (Siglo XXI, 1999), 25.

en donde también residían Luis y Danny Cortés. Elsa acababa de terminar su primer año en la universidad, siendo la primera de su familia en lograrlo. Era una joven con quien por cuatro años había compartido y enseñado en la escuela dominical y la sociedad de jóvenes. Era hermosa y extrovertida, y estaba a punto de pasar el verano trabajando en una agencia de servicio comunitario. Los ministerios urbanos llevan años luchando contra la violencia que cada vez se hace más patente en los suburbios y las ciudades pequeñas e idílicas en la zona rural de los Estados Unidos, como Newtown, Connecticut.

La defensa debe asumirse a la luz de los propósitos que Dios ha expresado para la humanidad y la creación del mundo. Dios ha revelado en las Escrituras un *shalom* que encarna la paz y plenitud de vida para su creación. Los ministerios de defensa con su apego a la esperanza resaltan la percepción del tiempo en los asuntos humanos. La esperanza suele estar asociada con el futuro, pero también, debe ser vista a la luz del pasado y el presente de nuestra vida personal y comunitaria.

La discusión de la esperanza en la enseñanza plantea el problema de nuestras propias perspectivas del tiempo y cómo lo configuramos en nuestro pensamiento, modo de actuar y estilo de vida. El maestro Agustín escribió en sus *Confesiones* sobre el "presente de las cosas pasadas, presente de las presentes y presente de las futuras" en la vida y el ministerio.[110] La esperanza, por naturaleza, se concentra en el presente de las cosas futuras y mejores. Su perspectiva en la enseñanza está limitada tanto al pasado como al presente en relación con el futuro. La anticipación se edifica sobre los recuerdos del pasado y la atención cotidiana a las realidades del presente. El Espíritu ministra revelando las sombras y luces del pasado, dándole atención a los desafíos actuales y requiriendo la imaginación espiritual de anticipar la venida de tiempos y posibilidades mejores.

La enseñanza facilita el espacio y el tiempo para meditar en el futuro con relación al pasado, que tiende a quedar en el olvido, así como las necesidades apremiantes. El pasado es una fuente de identidad y reapropiación de las tradiciones vivas. Los recuerdos son el maná que sustentan la vida. Los estudiantes explorarán los puntos de continuidad y cambio.

En el año 2000, pasé dos semanas en la China junto con una delegación de la Escuela Teológica Andover Newton. Este viaje me convenció una vez más de la esperanza en las vidas de los cristianos chinos. Estos perseveraron en medio de las ardientes tribulaciones de la

---

[110] Agustín de Hipona, "Augustine's Confessions" (*Confesiones*) (Grand Rapids: Sovereing Grace, 1971), 114.

Revolución Cultural y sus iglesias y seminarios han reabierto sus puertas o edificados para darle cabida a la cantidad de jóvenes y adultos jóvenes con hambre y vocación espiritual. La enseñanza y la convivencia en estas comunidades de fe están saciándolos al permitirles revisar sus tradiciones a la luz de los cambios y que expresen sus dudas y preguntas.

Las empresas de esperanza dan espacio a las preguntas y dudas

La enseñanza es un ministerio que forma a los seguidores de una tradición religiosa para que maduren en su fe y la expresen en el mundo. Al comienzo incluye la oportunidad de explorar y considerar la fe entre la amplia variedad de opciones del mundo. Los profesores honran las preguntas y las dudas como oportunidades para lidiar con las implicaciones del tema bajo discusión, para así fomentar el pensamiento crítico y creativo bajo la dirección del Espíritu Santo. Jesús lo ha enviado a guiarnos a toda verdad (Jn 15: 26; 13). En la tradición cristiana, el diálogo permite que consideren el amor a Dios, el amor a sus vecinos y la creación. La esperanza se extiende a todas las áreas con sus desafíos presentes, los patrones y las perspectivas heredadas que deben ser reexaminadas para el florecimiento de la vida.

La enseñanza puede convertirse en un ministerio esperanzador que fomente la imaginación espiritual y el valor de comprender las alternativas. Los participantes son alentados a ver, imaginar y soñar lo que Dios desea para la humanidad y la creación. En donde se encuentren en su peregrinación verán las posibilidades de aventurarse en su fe. Esa acogida y celebración de los dones y las preguntas de la juventud de East Harlem alentó la imaginación que llevó al desarrollo de ministerios esperanzadores en la ciudad de Filadelfia y a través de los Estados Unidos. Tanto los trasfondos como la experiencia variaban en las áreas de estudio.

Un domingo por la mañana llevamos a los jóvenes y niños a caminar por la comunidad para observaran su entorno y las necesidades de la gente. Como resultado, se prepararon, planificaron y llevaron a cabo un día de verano para los niños de la comunidad. Algunos de los líderes de la iglesia se opusieron firmemente a esa caminata comunitaria, a pesar de que los expondría de un modo seguro a las realidades afuera. Los movió espiritualmente a que llevaran esperanza a los niños que no asistían a la iglesia mediante el trabajo voluntario y compartiendo su fe y sus vidas durante la celebración de un campamento de verano para la comunidad.

El apóstol Pablo les enseña a los creyentes romanos que la fe cristiana asume una postura de esperanza en medio de las pruebas y los desafíos:

> Justificados, pues, por la fe, tenemos paz para con Dios por medio de nuestro Señor Jesucristo; por quien también tenemos entrada por la fe a esta gracia en la cual estamos firmes, y nos gloriamos en la esperanza de la gloria de Dios. Y no sólo esto, sino que también nos gloriamos en las tribulaciones, sabiendo que la tribulación produce paciencia; y la paciencia, prueba; y la prueba, esperanza; y la esperanza no avergüenza; porque el amor de Dios ha sido derramado en nuestros corazones por el Espíritu Santo que nos fue dado (Rm 5: 1-5).

La mayoría se aleja de los sufrimientos que, según Pablo, al final producen una esperanza que no avergüenza, garantizada por el ministerio del Espíritu Santo en nuestros corazones y vidas. De la misma manera que el Espíritu nos acompaña podemos acompañar a nuestros estudiantes en sus travesías por el sufrimiento. Ese acompañamiento durante el transcurso del estudio, sin expectativas, promete ayudarles con el desarrollo de nuevas perspectivas. Con el pasar del tiempo se involucran en servicios que les ofrezcan esperanza tanto a sus vecinos como a ellos mismos.

El acompañamiento también, promete la oportunidad de aprender de otros participantes, *siempre y cuando* se dialogue para que en el proceso sostengamos a la comunidad de fe. Ese *siempre y cuando* es un desafío ya que las comunidades son cada vez más diversas y se ha perdido la civilidad, como vemos en los líderes de las facciones políticas. Es un reto mantener el diálogo aun en medio de perspectivas bien diferentes. En mis treinta y cinco años de enseñanza, nunca había tenido que trazar unas directrices para los debates dentro del salón de clases, las cuales veremos a continuación. La Escuela Teológica de Andover Newton está compuesta por estudiantes que provienen de muchísimas tradiciones y denominaciones teológicas. Sin embargo, estas directrices también, aplican en un seminario que represente a una denominación o a varias denominaciones que, aunque estén de acuerdo y conformes en casi todo, todavía tengan diferencias de opinión sobre algún asunto. Además, pueden usarse en otros ambientes ajenos al salón de clases.

Directrices para la comunicación en el aula

> Andover Newton, como seminario, se compromete a "tratar a todos con dignidad y respeto". Como comunidad esto implica que asumiremos una actitud de apertura, respeto y tolerancia e inclusión en la exploración de nuestras similitudes y diferencias.

Uno de los objetivos de este curso es comprender el *qué* y el *porqué* de las filosofías, teologías y perspectivas, tanto propias como ajenas, en la educación religiosa. (Las preguntas *qué* y *por qué* son perennes en la filosofía educativa y la investigación humana).

Durante los debates orales y escritos, comenzaremos afirmando o apreciando lo que tengamos en común, antes de que exploremos las diferencias con preguntas. Toda crítica será constructiva, en lugar de posturas que rechacen o menosprecien la postura o persona del vecino. Los debates entre pares se prestan para el ministerio mutuo, sobre todo a nivel graduado.

La oportunidad para exponer el punto de vista personal no será usada para expresar su intolerancia, faltar el respeto o los modales de los demás. En la búsqueda común de la verdad es un desafío que otros cuestionen nuestras diferencias; pero el hacerlo requiere que seamos vigilantes y diligentes con el contenido y método de nuestra comunicación.

Sugiero:

1. Aprenda de las perspectivas de los demás; es decir, lea y escuche abiertamente a las personas que tengan una opinión distinta de la suya.
2. Respete las posturas que difieran significativa o ligeramente de las suyas.
3. Espere un trato respetuoso y un diálogo genuino con la voluntad de cambiar sus puntos de vista, en la medida en que «la Palabra de Dios arroje nueva luz y verdad» sobre nuestras vidas y peregrinajes.
4. Reconozca que Dios se reserva el derecho de usar y bendecir a quienes difieran, teológica y filosóficamente, de usted y yo, y agradézcalo.
5. El segundo de los dos grandes mandamientos es que "amemos a nuestro prójimo como a nosotros mismos". (Véase también, Filipenses 2, versículos del 3 al 4, sobre la imitación de la humildad de Cristo en nuestros ministerios cuando surjan conflictos y honremos las posturas contrarias).

Este ideal para la comunicación dentro de un seminario mantiene la disciplina y la estructura dentro de los límites del proceso, evitando las distracciones y los problemas en la enseñanza. Aquí, la experiencia del maestro, como guía capaz, es tomada en cuenta en cada fase y forma educativas. Esa confianza toma tiempo y esfuerzo. Los medios de comunicación masiva están repletos de ejemplos de educadores que traicionaron la confianza del público. La evaluación constante, el ser honestos con las cosas que funcionan o no, alimenta a la esperanza en que las cosas mejorarán o cambiarán drásticamente en el futuro de los ministerios de enseñanza.[111]

Una esperanza que permanece

Mis reflexiones sobre la educación de fe representan la esperanza de un abuelo que anhela un día mejor para sus nietos y todos los nietos del mundo, de disipar los miedos siempre que sea posible. Pero, más aun, representan una esperanza segura en que Dios participa en el drama humano desde la creación hasta la consumación, evidenciada para los cristianos en la venida y esperada Segunda Venida de Jesucristo. Cabe señalar la conexión hecha por el escritor de la Primera Epístola de Juan: "Amados, ahora somos hijos de Dios, y aún no se ha manifestado lo que hemos de ser; pero sabemos que cuando él se manifieste, seremos semejantes a él, porque le veremos tal como él es. Y todo aquel que tiene esta esperanza en él, se purifica a sí mismo, así como él es puro" (1 Jn 3: 2-3). Este Jesús ha engendrado muchos hijos y nietos de la fe a través de la adopción. Como ejemplo, desde mi escenario en la educación teológica, están las vidas de los egresados del seminario.

Uno de los renombrados exalumnos de la Escuela Teológica Andover Newton fue Adoniram Judson, quien por muchos años laboró en Birmania (que ahora se le conoce como Myanmar). Este hizo el siguiente comentario: "El futuro es tan brillante como las promesas de Dios". Por años, muchísimos birmanos han estudiado en Andover Newton, honrando el legado de Hudson. A pesar de las amenazas y los desafíos, regresan a su patria a preparar líderes. Entre los desafíos que enfrentan bajo ese régimen militar opresivo están la represión política, la privación económica, la persecución religiosa, la dislocación social y el aislamiento cultural. Sin embargo, regresan a casa con el mensaje de esperanza del evangelio de Jesucristo, bajo el poder del Espíritu Santo, a trazar un futuro mejor para los cristianos y otros que buscan los propósitos de Dios. Se toman los riesgos de expresar sus ideas para alternativas a la censura de la distribución pública de sus investigaciones teológicas. Ellos no disfrutan del privilegio de la libertad de expresión, como ya fuera discutido en el capítulo dos.

La enseñanza guiada, equipada y llena del poder del Espíritu Santo fomenta la libertad de la esperanza en los lugares en que el miedo y la desesperanza persisten en la actualidad. La muerte de Elsa Sánchez, vecina y amiga de Luis y Danny Cortés, no desalentó su servicio a la

111 Véase Sarah B. Drummond y su trabajo sobre evaluación educativa, "Holy Clarity: The Practice of Planning and Evaluation" (Santa claridad: la práctica de la planificación y evaluación) (Herndon, VA: Alban Institute, 2009).

esperanza que habían descubierto en la fe cristiana, y que hoy comparten con mucha gente a través de la nación y el mundo. La promesa de una esperanza viva es descrita en 1 Pedro, capítulo 1, versículos del 3 al 12:

> Bendito el Dios y Padre de nuestro Señor Jesucristo, que según su grande misericordia nos hizo renacer para una esperanza viva, por la resurrección de Jesucristo de los muertos, para una herencia incorruptible, incontaminada e inmarcesible, reservada en los cielos para vosotros, que sois guardados por el poder de Dios mediante la fe, para alcanzar la salvación que está preparada para ser manifestada en el tiempo postrero.
>
> En lo cual vosotros os alegráis, aunque ahora por un poco de tiempo, si es necesario, tengáis que ser afligidos en diversas pruebas, para que sometida a prueba vuestra fe, mucho más preciosa que el oro, el cual aunque perecedero se prueba con fuego, sea hallada en alabanza, gloria y honra cuando sea manifestado Jesucristo, a quien amáis sin haberle visto, en quien creyendo, aunque ahora no lo veáis, os alegráis con gozo inefable y glorioso; obteniendo el fin de vuestra fe, que es la salvación de vuestras almas. Los profetas que profetizaron de la gracia destinada a vosotros, inquirieron y diligentemente indagaron acerca de esta salvación, escudriñando qué persona y qué tiempo indicaba el Espíritu de Cristo que estaba en ellos, el cual anunciaba de antemano los sufrimientos de Cristo, y las glorias que vendrían tras ellos. A éstos se les reveló que no para sí mismos, sino para nosotros, administraban las cosas que ahora os son anunciadas por los que os han predicado el evangelio por el Espíritu Santo enviado del cielo; cosas en las cuales anhelan mirar los ángeles.

En su carta a los creyentes sufridos, el escritor de la Primera Epístola de Pedro ofrece una esperanza que además de ser viva (v. 3) es duradera (v. 4), sostenida (v. 5) y gozosa (v. 6) a la luz del Espíritu Santo que Cristo ha provisto para nuestra situación humana (vv. 11-12). Acojamos el futuro con libertad y una esperanza viva.

CAPÍTULO 10

La enseñanza y la libertad de la necesidad

Robert W. Pazmiño

La libertad del gozo en la enseñanza explora esta dimensión evidente en el ministerio y la vida de Jesús y que, gracias a la venida del Espíritu Santo en Pentecostés, también está disponible para los maestros cristianos (Hch 2: 1-13). El Espíritu Santo los unge para el servicio como hizo con Jesús. Como nuestro modelo, tenemos "puestos los ojos en Jesús, el autor y consumador de la fe, el cual por el gozo puesto delante de él sufrió la cruz, menospreciando el oprobio, y se sentó a la diestra del trono de Dios" (Hb 12: 2). Esta dimensión del gozo y la enseñanza ha sido discutida en otra obra cuyos detalles no serán repetidos en este capítulo.[112] Antes bien, aquí se exploran los parámetros del gozo experimentado en la enseñanza, a partir de la vocación, ocupación y recreación. A estos fines se discutirá la teología del trabajo y el ocio de Miroslav Volf, junto con las ideas de María Harris y James Loder.

Las tres dimensiones de la enseñanza, a saber, vocación, ocupación y recreación, corresponden con el llamado del Espíritu de acogerse al gozo para que sea completo, tal y como Jesús lo prometió (Jn 15: 11; 16: 24; 17: 3). Para ello, Pablo nos sugiere lo siguiente: "Completad mi gozo, sintiendo lo mismo, teniendo el mismo amor, unánimes, sintiendo una misma cosa" (Fil 2: 2). El Espíritu tiene que obrar en los corazones y las vidas de los creyentes a fin de que permanezcan unidos en amor y mente. Antes de que iniciemos el estudio del gozo, con relación a la vocación cristiana, la ocupación y la recreación, convendría que tomásemos en cuenta su naturaleza y los conceptos bíblicos que aclaran su importancia para los ministerios y la vida cotidiana de maestros y estudiantes.

---

[112] Robert W. Pazmiño, *So What Makes Our Teaching Christian? Teaching in the Name, Spirit, and Power of Jesus* (Así que, ¿qué distingue a nuestra enseñanza cristiana?: Enseñando en el nombre, Espíritu y poder de Jesús) (Eugene, Ore: Wipf and Stock, 2008), 55-63.

¿Qué es el gozo?[113]

El gozo es una sensación de deleite, ocasionado por la presencia de Dios y mediado por el Espíritu Santo, que conduce al asombro, la reverencia y celebración de la vida como el don de gracia de Dios. Esto comenzó en la creación y se extiende hasta la consumación a través de la nueva creación posibilitada en Jesucristo. El capítulo 3 de Habacuc, versículos del 17 al 19, sugiere que el gozo trasciende las experiencias humanas del éxito, la felicidad o fecundidad porque se origina en Dios. Él permanece con los creyentes en todas las circunstancias:

> Aunque la higuera no florezca, ni en las vides haya frutos, aunque falte el producto del olivo, y los labrados no den mantenimiento, y las ovejas sean quitadas de la majada, y no haya vacas en los corrales; con todo, yo me alegraré en Jehová, y me gozaré en el Dios de mi salvación. Jehová el Señor es mi fortaleza, el cual hace mis pies como de ciervas, y en mis alturas me hace andar.

C. S. Lewis, comenta en *Cautivado por la alegría*, que el gozo se distingue de la alegría en que "nunca está bajo nuestro control".[114] El gozo es un don del Espíritu de Dios. La persona lo descubre en las relaciones y los tiempos ordinarios de la vida en que su corazón, alma, mente y fuerza están unidos a Dios. El gozo acoge el don de la bondad del *Shalom* de Dios que produce una sensación de bienestar integral y conexión en las profundidades del alma o espíritu. También, incluye a la mente en su abrazo intelectual del cuidado de Dios; el corazón haya descanso en el amor sustentador de Dios, mientras que el comportamiento revela confianza en su plenitud y provisión, cualesquiera que sean las circunstancias de la vida. Es una celebración de la maravilla de la creación, la dignidad y el valor de las personas que descansan en el cuidado de Dios. La maravilla de la nueva creación en Cristo y el ministerio del Espíritu profundizan el gozo del creyente.

El *Diccionario del intérprete de la Bibli*a señala: "La Biblia describe el gozo, ya sea expresado en alabanza y acciones de gracias en la adoración, o en la confianza tranquila en Dios, o la proclamación de su poder salvador, como uno de los elementos característicos de la fe

---

[113] Esta sección abunda en la discusión de Robert W. Pazmiño en su libro *So What Makes Our Teaching Christian?* (Eugene, Ore: Wipf and Stock, 2008), 55-57.

[114] C. S. Lewis, "Surprised by Joy: The Shape of My Early Life" (Nueva York: Harcourt Brace Jovanovich, 1955), 18, 72. Yo he disertado sobre el gozo en la educación cristiana, Robert W. Pazmiño, "Basics of Teaching for Christians" (Eugene, OR: Wipf and Stock, 2002), 97-98, y en Robert W. Pazmiño, "God Our Teacher" (Dios Nuestro Maestro) (Grand Rapids: Baker Academic, 2001), 170-71.

religiosa".[115] La única diferencia entre las actitudes hacia el gozo que encontramos en el Antiguo Testamento y el Nuevo Testamento, es que los escritores de del Nuevo Testamento lo declaran posible tanto en el sufrimiento como en la salvación. El Antiguo Testamento establece que Dios es el verdadero motivo del gozo humano (Jr. 9: 23-24). En el Nuevo Testamento encontramos que es posible gozarse en el sufrimiento o la debilidad porque el poder de Dios "se perfecciona en la debilidad" (Mt. 5: 12, 2 Co 12: 9).[116] Jesucristo es el ejemplo de gozo para los maestros cristianos: "Puestos los ojos en Jesús, el autor y consumador de la fe, el cual por el gozo puesto delante de él sufrió la cruz, menospreciando el oprobio, y se sentó a la diestra del trono de Dios" (Heb. 12: 2).

El *Nuevo Diccionario Internacional de la Teología del Nuevo Testamento* señala que el gozo está relacionado con la adoración pública y el corazón de la gente en respuesta a la ayuda de Dios (Sal 13: 5). El gozo incluye una emoción (Sal 16: 11); tiene un objeto o persona (2 Sm 1: 26; Ecl 11: 9); se centra en Dios (Ne 8: 10; Sal 33: 21); en la Palabra (Jr 15: 16; Sal 119: 14); en guardar los mandamientos (Sal 119: 162); en el tiempo de la salvación (Is 35: 10). El capítulo 14, versículo 17 de Hechos habla de alegrarse en los dones de la naturaleza. El relato del capítulo 2, versículos 26 y 28, aplica el Salmo 16, versículos del 8 al 11, a la resurrección, mencionando el gozo de estar en la presencia de Dios. En el Apocalipsis, el capítulo 12, versículo 12 y el capítulo 18, versículo 20, hablan del gozo escatológico de la fiesta con Jesús. El Evangelio de Lucas lo incluye entre sus temas, mientras que las epístolas paulinas testifican de la paradoja del gozo en medio de la tristeza, la aflicción y el cuidado que comprueba su poder. Por lo tanto, está fuera del alcance de la felicidad terrenal, humana porque proviene del Señor, como se explica en la Epístola del Apóstol Pablo a los Filipenses.[117] Estas perspectivas bíblicas sirven de trasfondo al estudio del gozo en la enseñanza en compañía del Espíritu Santo.

El Espíritu compañero de los maestros[118]

El mismo Espíritu de Cristo, el Espíritu Santo, acompaña a los maestros cristianos en sus ministerios. Justo González indica que, "el

---

[115] D. Harvey, "Joy", tomado de "The Interpreter's Dictionary of the Bible", ed. George A. Buttrick (Nashville

[116] Ibíd.

[117] E. Beyreuther y G. Finkenrath, "Joy" (Gozo), "The New International Dictionary of New Testament Teology". ed. Colin Brown (Grand Rapids: Zondervan, 1971), 352-61.

[118] Véase Pazmiño, "So What?", 60.

carácter principal del Libro de los Hechos es el Espíritu Santo".[119] Los hechos de los seguidores de Jesús en el siglo I incluyeron la enseñanza. El Espíritu da el poder, la presencia y creatividad para que proclamen gozosamente la vida nueva y resucitada a través de la enseñanza y el aprendizaje. Eso hizo la diferencia para los primeros seguidores de Jesús en Jerusalén y otros lugares. Estos fueron liberados de las diversas prisiones y poderes humanos que prohibían su enseñanza y silenciaban sus voces. El Espíritu proveyó esa fuente de la que Jesús habló durante su ministerio terrenal: "El que cree en mí, como dice la Escritura, de su interior correrán ríos de agua viva. Esto dijo del Espíritu que habían de recibir los que creyesen en él" (Jn 7: 38-39). El Libro de los Hechos describe la manera en que recibieron el Espíritu Santo durante el derramamiento pentecostal (Hch 2: 1-4). Más adelante, recibieron otra llenura para que llevaran a cabo audazmente sus ministerios de enseñanza (Hch 4: 31). Fue una gran diferencia. Este potencial de gozo se ha extendido a los maestros través de los siglos y milenios. Hoy en día lo experimentan en su vocación, ocupación y recreación.

Gozo en la vocación

La discusión de la vocación se informa con el pensamiento de Miroslav Volf, autor de *Work in the Spirit* (Trabajo en el Espíritu).[120] Su definición es útil para el trabajo y la vocación de la enseñanza:

> El trabajo es una actividad social honrada, resuelta y metodológicamente determinada, cuyo objetivo primordial es la creación de productos o estados de cosas que satisfagan las necesidades de los trabajadores o de sus creadores, o (si es primordialmente un fin en sí mismo) una actividad necesaria para que los individuos satisfagan sus necesidades aparte de la necesidad de la actividad en sí.[121]

La enseñanza es un trabajo cuyo fin es producir un aprendizaje y formar el carácter en las virtudes cristianas, en la medida en que el Espíritu forme a los estudiantes. Volf distingue el trabajo del ocio, su antítesis, en que este se da sin coerción ni un fin instrumental. Sin embargo, sugiere, paradójicamente, que el trabajo, en el mejor de los casos, es un ejercicio de libertad.[122] Sugiero que el trabajo de la

---

[119] Justo L González, "Acts: The Gospel of the Spirit" (Hechos: El Evangelio del Espíritu) (Maryknoll, Nueva York: Orbis, 2001), 8.
[120] Miroslav Volf, "Work in the Spirit" (Trabajo en el Espíritu) (Nueva York: Oxford University, 1991).
[121] Ibíd, 10-11.
[122] Ibíd, 11-12.

enseñanza se convierte en un ejercicio de libertad en términos del uso de los dones espirituales, el cumplimiento de la vocación cristiana o del llamado como maestro. Aunque Volf omite la vocación en su exploración de las categorías normativas del trabajo, creo que, en el caso de la enseñanza, esta ofrece una categoría generativa para la experiencia del gozo. En otras palabras, una vez que el maestro acepta su llamado o vocación de enseñar, puede invocar su relación con el Espíritu Santo para cumplirlo. Este llamado incluye que administre responsablemente sus dones espirituales y dependa a diario de la fuerza, sabiduría y el gozo del Espíritu. Esto se observa en el avivamiento de la enseñanza y la vida comunitaria en la nación de Israel a su regreso del exilio, el cual es descrito en el capítulo 8 de Nehemías. Los maestros de la nación, a saber, Nehemías, Esdras y los levitas, confirmaron una lección aplicable por siglos, como se lee en el versículo 10: "... porque el gozo de Jehová es vuestra fuerza".

Thomas Green ofrece una categorización útil de las actividades educativas dentro de aulas formales con el fin de identificar las tareas que el Espíritu Santo puede infundir en respuesta a la petición de los maestros cristianos. De acuerdo con Green:

Las actividades lógicas:
1. Explicar
2. Concluir
3. Inferir
4. Justificar
5. Acumular pruebas
6. Demostrar
7. Definir
8. Comparar

Las actividades estratégicas:
1. Motivar
2. Aconsejar
3. Evaluar
4. Planificar
5. Alentar
6. Disciplinar
7. Hacer preguntas

Las actividades institucionales:
1. Recaudar dinero
2. Servir de chaperón o chaperona
3. Patrullar el pasillo
4. Asistir a las reuniones

5. Tomar la asistencia
6. Consultar a los padres (o familiares)
7. Tener los registros al día[123]

El maestro puede usar su imaginación espiritual para visualizar al Espíritu acompañándole mientras cumple sus tareas o actividades con gracia, sabiduría y bondad, dispuesto a confrontar los patrones destructivos y las falsas percepciones. El "hablar la verdad en amor" (Ef 4: 15,) no es fácil y requiere valentía, sobre todo de cara a la resistencia. Algunas de estas tareas con el pasar del tiempo requerirán que oremos por sabiduría del Espíritu Santo y así enseñemos de una manera adecuada para el aprendizaje de nuestros estudiantes. Su obra es crucial para que las almas de los alumnos reciban la instrucción y estén dispuestos a cambiar y ser transformados como esperamos. Green menciona unas tareas aplicables a la educación formal; sin embargo, todos los maestros tienen que mantener un orden básico que facilite el aprendizaje, y a la vez, ser receptivos al ardor o la pasión del Espíritu. El cumplirlas con cierta medida de éxito puede convertirse en una fuente de gozo, junto con todas las variables que afectan el ministerio de la enseñanza. El momento oportuno de la enseñanza exige que se confíe conscientemente en el Espíritu quien es la fuente del gozo en cualquier ministerio. Esta práctica vocacional de la búsqueda del gozo puede encarnarse en ciertos principios.

Volf ha identificado tres principios normativos de la "nueva creación". Estos, en general, guían a los sistemas económicos, pero también, pueden ser aplicados a los sistemas educativos y a la vocación de la enseñanza. La "nueva creación" es su norma ética principal para evaluar el trabajo y sus tres principios:

1. La libertad de los individuos
2. La satisfacción de las necesidades básicas de la gente
3. La protección de la naturaleza contra daños irreparables[124]

El principio de la libertad permite que los estudiantes rechacen cualquier enseñanza. Este principio reconoce la autonomía de los alumnos y los riesgos propios de todo esfuerzo docente. Cuando se les anima a que piensen por sí mismos, este libre albedrío puede desarrollar su reflexión crítica y creativa. Debido a esto, Green identifica la enseñanza como un proceso o una tarea en donde el aprendizaje o

[123] Thomas Green, "The Activities of Teaching" (Las actividades de la enseñanza) (Nueva York: McGraw-Hill, 1971), 4.
[124] Volf, 15.

producto no está del todo garantizado.[125] En otras palabras, los estudiantes tienen que cooperar y apropiarse de la enseñanza para que sea eficaz y transferible a sus vidas. La intención de los maestros es que así sea, lo cual genera el gozo de haber compartido su sabiduría y su propio aprendizaje con los estudiantes.

El segundo principio de Volf, de la satisfacción de las necesidades básicas de la gente, puede ser otra fuente de gozo para los maestros ya que ellos sirven con el fin de cambiar y transformar las vidas de las personas. "Todas las personas" implica que se enseñe con la disposición de variar el método de enseñanza de acuerdo con la variedad de los estilos de aprendizaje de cualquier grupo de estudiantes. Estos incluyen estilos visuales, auditivos, cenestésicos, interactivos y otros, como el háptico y el olfativo, según lo demuestran las nuevas investigaciones sobre las funciones cerebrales y la manera en que los seres humanos perciben y se relacionan con el mundo. Además, Howard Gardner en su trabajo ha identificado una multiplicidad de inteligencias, tales como lingüísticas, lógico-matemáticas, espaciales, corporales-cenestésicas, musicales, interpersonales e intrapersonales.[126]

Más allá de los estilos y las inteligencias múltiples, para algunos es preferible una enseñanza de contexto bajo que gire en torno al aprendizaje individual, cuyo contenido siga una secuencia lógica y racional. Otros requieren un contexto alto que gire en torno al aprendizaje colaborativo y cooperativo, una secuencia psicológica y experiencial. En este caso, se valora la inteligencia social y emocional como complemento del compromiso con la excelencia académica, la cual es valorada en los contextos bajos. Las diferencias culturales influyen en la preferencia del contexto de aprendizaje. Pero, aun así, el gozo radica en que la persona aprenda tanto en su estilo preferido como en atreverse a probar otros que redundarán en conocimientos y experiencias nuevas. En este caso, se requiere un esfuerzo holístico para apoyar sus preferencias y a la vez, desafiarla a que vaya más allá. Dicho enfoque puede resultar en el gozo de aprender más allá de las expectativas, abriéndose a que el Espíritu Santo los bendiga con luz nueva y verdad.

El segundo principio de Volf sobrepasa los estilos de aprendizaje y las inteligencias. Este principio implica el solidarizarse con los pobres y aquellos que han sido marginados a lo largo de su vida educativa. Cada persona está llamada a ser coheredera con Cristo en la comunidad del pueblo de Dios.[127] Esta perspectiva social está arraigada en la creación y

---

[125] Green, 142-143.

[126] Howard Gardner, *Frames of Mind: The Theory of Multiple Intelligences* (Estructuras de la mente: la teoría de las inteligencias múltiples (Nueva York: Basic Books, 1983).

[127] Volf, 16.

modela la interdependencia encontrada en la circumincesión de la Trinidad.

El tercer principio de Volf, a saber, la protección de la naturaleza contra daños irreparables, relaciona a la enseñanza con un compromiso ecológico. En este caso, la crisis de la ecología global surge en momentos en que toda la creación gime a una por su liberación completa, tal y como se describe en el capítulo 8, versículos del 18 al 30 de Romanos. El valor de la cultura amerindia requiere que los maestros y los estudiantes consideren el legado que nuestras decisiones y estilos de vida dejan a la séptima generación venidera. Además, surge el asunto de la equidad educativa, dada la propensión humana de equiparar las diferencias con deficiencias. La enseñanza de Jesús de amar al prójimo como a uno mismo conlleva que, como portador de la imagen de Dios, sea respetado y atendido. El gozo de todos radica en que el "otro" se convierta en un prójimo amado.

La equidad educativa se define en términos del acceso a los recursos educativos, el respeto de la diferencia, el espacio para ser escuchado, la presencia de modelos apropiados y que el poder y la autoridad estén debidamente distribuidos en todos los programas educativos.[128] Esta definición de la equidad es un ideal que requiere la expresión del gozo y el amor en la esfera social de nuestras vidas. El gozo en la esfera social encarna la justicia, interesándose en la rectitud de las relaciones humanas. El amar a la gente en el ámbito público y social requiere que se acometan las condiciones que impiden que los hijos y las hijas de Dios tengan una vida justa y equitativa. El amor exige que confrontemos los patrones de exclusión e injusticia que históricamente han plagado a las instituciones y estructuras educativas. El racismo, el sexismo, el clasismo y otras formas de opresión han asolado las oportunidades y experiencias educativas de demasiadas personas y grupos. La respuesta gozosa y amorosa a estas realidades está en reconocer que una de las tareas de la enseñanza es la confrontación de los destructores de la vida. Estos destructores se manifiestan en maneras que ameritan el compromiso espiritual de hacer una diferencia concreta por el «bien común» (1 Co 12: 7). Los maestros están llamados a amar e interesarse al punto de pronunciarse y actuar en nombre de ese bien común.

---

[128] Robert W. Pazmiño, "Latin American Journey: Insights for Christian Education in North America" (Travesía latinoamericana: perspectivas para la educación cristiana en Norteamérica) (Cleveland: United Church Press, 1994), 84, 117.

Gozo en la ocupación

La discusión anterior sobre la vocación puede ser aplicada a las personas cuyo trabajo o ministerio principal no es la enseñanza formal, pero que, no obstante, ejercen sus dones ungidos en otros ministerios educativos ya sea una vez a la semana, a diario o esporádicamente. Se dedican a enseñar como aficionados o amateurs. *Amateur* es un préstamo lingüístico del francés con raíces latinas en el verbo *amator* o 'amador' y *amare* o 'amar'. Por lo tanto, el aficionado se dedica a la enseñanza por puro amor y gozo. Esto concuerda con el ejemplo de Jesús, "... el autor y consumador de la fe, el cual por el gozo puesto delante de él sufrió la cruz, menospreciando el oprobio, y se sentó a la diestra del trono de Dios" (Hb 12: 2). La cruz del profesor o maestro aficionado quizás sea la inversión de tiempo, energía y compromiso con el ejercicio de su don espiritual.

Muchos maestros voluntarios aceptan el compromiso de enseñar, tomándose el tiempo para prepararse, conocer el contenido y relacionarse con sus estudiantes. Recuerdo que, cuando trabajaba a tiempo completo como terapeuta psiquiátrico para niños con problemas emocionales y sus familias, y siendo el padre de un párvulo, me ofrecí para enseñar la clase bíblica de los jóvenes y jóvenes adultos, la cual se reunía todos los viernes por la noche en la iglesia. Me tocaba dirigir a unos doce a quince jóvenes en el estudio inductivo, seguido por una sesión de enseñanza con toda la sociedad de jóvenes de 7 a 8 de la noche. Los líderes encuestaban a los jóvenes y seleccionaban uno de los muchos temas sugeridos para la clase. Las sesiones más concurridas trataron "El sexo no es una palabra de cuatro letras" y "La comunicación con los padres en tiempos difíciles".

Cuarenta años más tarde todavía recuerdo cuánto me gozaba preparando la lección y los ratos de enseñanza, en donde la juventud creció espiritualmente de un modo significativo. Este ministerio tuvo como resultado el que muchos de los jóvenes se dedicaran a varios ministerios eclesiásticos y comunitarios; contaban con el respaldo de las oraciones de los ancianos en la iglesia, conocidos como guerreros de oración. El gozo de este servicio queda expresado en las vidas transformadas de los estudiantes, quienes, a su vez, han sido maestros fieles de otros. De esta manera, han seguido el consejo del apóstol Pablo para Timoteo: "Lo que has oído de mí ante muchos testigos, esto encarga a hombres fieles que sean idóneos para enseñar también a otros" (2 Tim. 2: 2). Esa libertad para gozarse fue el resultado del estudio disciplinado y la voluntad de entregarse de lleno a la enseñanza en este ministerio (1 Ts. 2: 8; 1 Tim. 4: 16). La invocación del Espíritu amerita devoción, dedicación y compromiso, como lo demuestra el ministerio de Esdras: "Porque Esdras había preparado su corazón para inquirir la ley de Jehová y para cumplirla, y para enseñar en Israel sus estatutos y decretos" (Esd. 7: 10). La enseñanza, como labor cristiana, "debe impartirse bajo la inspiración del Espíritu y a la luz de la nueva creación".[129] Los maestros deben expresarse de esta manera: "Yo trabajo y el Espíritu del Cristo resucitado obra a través de mí"; el Espíritu trabaja con la regla del amor que define al aficionado.[130]

El gozo en la recreación

El contraste que Volf hace entre el trabajo y el ocio puede compararse con los pensamientos que comparto sobre la recreación. El Espíritu Santo es el *spiritus creator* que bendice la vida con renovación y refrigerio. Volf define su interpretación del ocio:

> El ocio es una actividad que, principalmente es un fin en sí misma, y por lo tanto (como actividad) satisface la necesidad de los actores individuales, pero a la vez, no con el objetivo principal de satisfacer otras necesidades, ya sea de los actores individuales o de sus congéneres. El trabajo y el ocio no son mutuamente exclusivos; son los polos opuestos dentro de un continuo.[131]

Volf añade:

> El disfrute de la belleza de la naturaleza, deleitarse con el ejercicio y el desarrollo de las habilidades, y el aprecio de la comunión con los demás son tres aspectos fundamentales del ocio.[132]

La fe bíblica fomenta el disfrute de la creación cuando afirma que es buena.[133] La presencia del Espíritu en la vida que se extiende más allá del trabajo, ya sea formal o voluntario, indica que el fin principal de las personas es la glorificación y el disfrute de Dios. Esa glorificación y disfrute incluye las bendiciones de la creación que son evidentes en la naturaleza y la comunidad humana. Todos los dones de la vida son ofrendas de la gracia de Dios que alegran la vida cotidiana. "La necesidad humana más fundamental es la comunión con Dios. María, que se sentó a los pies del Señor y escuchó su enseñanza, había escogido 'lo

---

129 Volf, 79.
130 Ibíb, 115.
131 Ibíd, 133-134.
132 Ibíd, 136.
133 Ibid, 151.

más necesario'" (Lc 10: 42).[134] El goce de Dios se expresa plenamente en la libertad de adorarle, tal y como fuera discutido en el capítulo tres. Pero, se descubre en los diversos momentos instructivos que se suscitan en los ratos de recreación y ocio de la vida cotidiana. Esos vislumbres gozosos de Dios suelen ocurrir durante una caminata, ya sea relajada o preocupada, como les sucedió los discípulos en el camino a Emaús (Lc 24: 13-35). Jesús les hizo preguntas y fue sensible antes de abrirles las Escrituras. Este momento de instrucción se extendió hasta la confraternización a la mesa, cuando se gozaron compartiendo el pan con Jesús (Lc 24: 28-35). "El Espíritu inspira e imparte dones no solamente para el trabajo, sino también para el disfrute de la 'compañía festiva' de Dios".[135]

La recreación en el Espíritu puede lograrse por medio de un sinnúmero de actividades e incluso la inactividad. La inactividad honra la importancia del sábado e incluye encuentros con la naturaleza, la música y las artes o simplemente ejercicios de respiración, prestar atención en la vida cotidiana. Estas actividades e inactividades están vinculadas con la enseñanza y son una fuente de gozo cuando las compartimos con otros, invitándoles a que mediten en la presencia de Dios. Entre estas, el canto, la meditación, la oración, la escritura y el juego imaginativo y hasta la lectura, permiten que nos recreemos en el don del gozo de Dios para sus hijos e hijas, tanto en este mundo como el venidero. Las artes honran esta dimensión de nuestras vidas. Dios se deleita en invitarnos a participar en el gozo que ha derramado sobre la creación. Estas fuentes alegran los corazones y los espíritus de los maestros, quienes suelen recordarlas solamente durante su tiempo con los niños. En ocasiones, les pregunto a los maestros: ¿En dónde está el gozo? Esa pregunta puede incitarnos a la búsqueda diaria del gozo como don del Espíritu, en la presencia de Dios.

[134] Ibíd, 152.
[135] Ibíd, 137.

TERCERA PARTE

La enseñanza en el Espíritu y el sustento

La educación que libera y la educación que celebra son retos apropiados porque los cristianos reconocen que Dios nos sostiene de la misma manera que lo hizo con Jacob durante su tiempo en el desierto. Nuevamente en el cántico de Moisés, Deuteronomio 32:10 describe esta situación: "Le halló en tierra de desierto, Y en yermo de horrible soledad; Lo trajo alrededor, lo instruyó, Lo guardó como a la niña de su ojo". Así le sucedió a Hagar e Ismael cuando ambos fueron echados de la casa de Abraham como consecuencia de las protestas de Sara. En medio de retos institucionales, sociales, nacionales, globales, familiares y personales, la presencia de Dios por medio del Espíritu Santo nos sostiene en nuestra enseñanza y aprendizaje.

El cántico de Moisés en Deuteronomio 32 también en mencionado en Apocalipsis 15:3-4. Como K. H. Bartels menciona "el otro cántico de Moisés en el Antiguo Testamento se encuentra en Éxodo 15:1-18 en donde Moisés y los israelitas celebraban su liberación del ejército del Faraón y la salvación del pueblo. El escritor de Apocalipsis, Juan, transporta el cántico de Moisés en Éxodo 15 y también incluye palabras del Salmo 145:7 para darle un significado cristológico".[136] El Salmo 145 celebra la grandeza y bondad de Dios y el versículo siete dice lo siguiente: "Proclamarán la memoria de tu inmensa bondad, Y cantarán tu justicia". Al regresar a Apocalipsis 15:3-4 podemos leer esta afirmación:

> Y cantan el cántico de Moisés siervo de Dios, y el cántico del Cordero, diciendo: Grandes y maravillosas son tus obras, Señor Dios Todopoderoso; justos y verdaderos son tus caminos, Rey de los santos. ¿Quién no te temerá, oh Señor, y glorificará tu nombre? pues sólo tú eres santo; por lo cual todas las naciones vendrán y te adorarán, porque tus juicios se han manifestado.

---

[136] Bartels, p. 674.

El glorioso cántico del Cordero celebra que el segundo Moisés nuestro Señor Jesucristo, cumplió todo lo que necesitamos comunicar a través de nuestros ministerios de enseñanza a un mundo con gran necesidad y hambre espiritual. La relación dinámica entre el cántico de Moisés el escritor de Apocalipsis la relaciona a la consumación de toda la creación. La oración de Ana y el magníficat de María hacen eco a estos mismos temas.

Al regresar a Deuteronomio 32:5-14, encontramos que no todo está bien con las generaciones y con el pueblo de Dios ejemplificado a través de la persona de Jacob y sus descendientes. Pero a pesar de todo y a pesar de nosotros mismos, Dios sustenta y cuida a su pueblo que busca seguir los caminos divinos. La gracia y el cuidado de Dios "a pesar de nosotros" es un mensaje de esperanza en medio del juicio de Dios. Dios nos sostiene en nuestro aprendizaje y en nuestra enseñanza a través de nuestras vidas ya que se anticipan el aprendizaje para toda la vida y la presencia para siempre de Jesús con nosotros en Mateo 28:18-20. El pueblo de Dios recibe bendiciones y advertencias en nuestras vidas terrenales. Éxodo 16:32 describe que Dios le pidió a Moisés que guardara dos porciones de maná porque Dios que las generaciones futuras vieran la comida que los sustentó en el desierto. En el versículo 33 de ese capítulo Moisés le dijo a Aarón: "Toma una vasija y pon en ella un gomer de maná, y ponlo delante de Jehová, para que sea guardado para vuestros descendientes". El sustento diario del Espíritu es maná para los maestros cristianos que deambulan por el desierto de las modas educativas y diferentes retos en el tercer milenio.

La enseñanza puede ser por naturaleza una aventura de esperanza porque asume y propone que algunas personas se juntan y son capaces de aprender. También sugiere que los maestros y los alumnos tienen algo valioso que compartir. En el caso de la fe cristiana, la enseñanza enfatiza la creencia que Dios es nuestro Maestro. Dios fue el maestro de Abraham, de Isaac y de Jacob; y Dios fue el maestro de Sara, de Rebeca y de Raquel. Dios ha sido el maestro de nuestras vidas desde que empezó a formar nuestros cuerpos en el vientre de nuestras madres como bellamente lo describe el Salmo 139:13-16; desde nuestro nacimiento en este mundo, a través de todas nuestras vidas y hasta el tiempo presente. ¿Podemos apreciar lo maravilloso de este regalo de la presencia de Dios quien nos sustenta y nos enseña todas nuestras vidas? ¿Qué esperanza les podemos dar a nuestras vidas y a las vidas de otros aún en medio de un tiempo de crisis económica global, recesión o retos en nuestras naciones?

La enseñanza que nos sustenta involucra tanto la denunciación como la anunciación. Nuestra vida está recibiendo el regalo de su sustento durante cada respiro y necesitamos estar conscientes del Señor, el dador de la vida. Con el respirar se encuentra la vida y sin la respiración se encuentra la muerte. El problema respiratorio de mi esposa (Neumonía Criptogénica Organizada) que ha sufrido ya por un año me ha hecho muy consciente de la importancia que tiene la respiración en nuestras vidas. Con la denunciación de los que destruyen la vida se da la posibilidad de anunciar la nueva vida que Dios trae a nuestras vidas. El tema central del Nuevo Testamento es la vida, la muerte y nueva vida en Cristo Jesús y la venida del Espíritu Santo en Pentecostés. Gabriel Moran en su obra *Showing How: The Act of Teaching* (Mostrando como hacerlo: la función de la enseñanza) sugiere que enseñar es mostrar cómo vivir y como morir.[137] Yo añadiría que enseñar es mostrar cómo amar y cómo vivir otra vez. Vivir otra vez quiere decir vivir de forma diferente a través de la transformación por la gracia de Dios y con la renovación que se nos da por el Espíritu de Dios, el Espíritu de Jesús, el bendito Espíritu Santo que unge nuestros ministerios de enseñanza. Esta es nuestra identidad y llamado pentecostal.

La enseñanza con unción sostiene personas, comunidades, sociedades y a toda la creación que está anhelando y gimiendo por vida nueva. Como lo describe el libro de los Hechos, todos los discípulos de Jesús revolucionaron el mundo durante el primer siglo; de la misma manera nosotros tenemos la invitación para hacer lo mismo. La enseñanza con unción promueve el amor a Dios, a nuestro prójimo, a nosotros mismos y a toda la creación. Uno de los versículos que memoricé en la Escuela Dominical fue por supuesto Juan 3:16: "Porque de tal manera amó Dios al mundo, que ha dado a su Hijo unigénito, para que todo aquel que en él cree, no se pierda, mas tenga vida eterna". El amor de Dios por el mundo y por toda la creación fue expresado en el maravilloso regalo de Jesús (2 Cor. 9:15), el Hijo de Dios y el regalo de la vida eterna para todos los que creen en él. Ya que estamos hablando de versículos para memorizar, cuando tenía la oportunidad de escoger qué versículos quería escoger para memorizar buscaba en la Biblia y descubría los siguientes: "Jesús lloró", Juan 11:35; "estad siempre gozosos", 1 Tes. 5:16; y "orad sin cesar", 1 Tes. 5.17. ¡Puede usted imaginarse lo contento que me puse cuando encontré dos versículos seguidos en 1 Tesalonicenses 5 durante mi búsqueda versículos cortos para memorizar!

Enseñar en el nombre de Jesús puede ofrecer una alternativa y promover un sentimiento de esperanza en personas, familias, grupos y comunidades. El apóstol Pablo en su carta a los Efesios describió las experiencias de personas antes de tener fe en Jesucristo como "sin

---

137 Gabriel Moran, *Showing How: The Act of Teaching* (Valley Forge, PA: Trinity Press International, 1997), 39.

esperanza y sin Dios en el mundo" (Ef. 2:12). En su libro *Race Matters* (La raza importa), Cornel West propone una política de conversión que provee "una oportunidad para que crea que hay esperanza para el futuro y un significado a la lucha que enfrentan" lo que la fe cristiana ofrece.[138]

Su política tiene aplicación no solamente a los afroamericanos, pero a todas las personas en el mundo que tienen hambre por libertad, liberación y una nueva vida. Aquellos que son marginalizados en la Sociedad, aquello que son identificados como *anawin*, particularmente tienen hambre por tener una vida alternativa.[139] Fue a los *anawin* a los que Jesús les dedicó atención especial en su ministerio de enseñanza. Como maestros cristianos tenemos que hacernos dos preguntas: ¿Quiénes son aquellos que se sienten sin esperanza? ¿Cómo están haciendo una diferencia los cristianos en la vida de ese tipo de personas?

Es importante resaltar que la vida en comunidad se trata primero porque la comunidad tiene prioridad a los individuos. Entender a Dios como una comunidad de tres personas es una justificación teológica para considerar a las comunidades y familias de fe antes que a los individuos y para contrarrestar los elementos narcisistas de la cultura contemporánea. Empezar esta sección con "La enseñanza y la vida comunitaria" en el capítulo once puede fomentar un cambio para que los seguidores de Jesús sean "la generación de nosotros" en lugar de la "generación de yo" que tanto persiste en la cultura global.

---

[138] Cornel West, *Race Matters* (Boston: Beacon Press, 1993), 18.

[139] Robert W. Pazmiño, *By What Authority Do We Teach?* (Grand Rapids: Baker Books, 1994), 63-65, 69, 77, 99, 144.

CAPÍTULO 11

La enseñanza y la vida comunitaria

Robert W. Pazmiño

El teólogo hispano Samuel Solivan señala que "la persona y la obra del Espíritu Santo posibilita la transformación humana y social".[140] Solivan cita a Thomas Oden y su tan esencial afirmación de la personalidad del Espíritu:

> Al igual que una persona, al Espíritu puede resistírsele (Hechos 7: 51), evitársele, o respondérsele (Hechos: 10: 19-21). Tiene que ser una persona para que se irrite (Isaías 63: 10) o contriste (Efesios 4:30). Tiene que ser inteligente y capaz de comunicarse de corazón a corazón. Éstas son las cualidades de persona. Tiene que ser una persona para que enseñe, hable, revele su voluntad y se enoje (Isaías 63: 10). De la misma manera en que los seres humanos hablan y se comunican entre sí, las Escrituras muestran al Espíritu Santo comunicándose con los fieles (Marcos 13: 11, Hechos 8: 29; 21: 11; 1 Timoteo 4: 1, Apocalipsis 2: 7) para revelarles su voluntad y responderles.[141]

La personalidad del Espíritu sostiene el valor, la dignidad y personalidad de los seres humanos desde el principio del tiempo. El Dios trino encarnaba la naturaleza personal y comunitaria de la realidad. Dios es una comunidad a la que la Biblia denomina como Padre, Hijo y Espíritu Santo. Los seres humanos fueron creados a imagen de Dios, por lo que reflejan esta dimensión comunitaria. La personalidad humana se concreta en los vínculos íntimos con las familias, las comunidades locales y otras conexiones sociales de la vida cotidiana. Nos convertimos en personas en virtud de las relaciones que nos han sostenido desde el nacimiento. Lo que nace del vientre de nuestras madres, o incluso por

---

140 Samuel Solivan, "The Holy Spirit: A Pentecostal Hispanic Perspective" (El Espíritu Santo: una perspectiva hispana-pentecostal), tomado de "Teología en Conjunto: A Collaborative Hispanic Protestant Theology" (Louisville: Westminster/ John Knox, 1997), 54.

141 Thomas C. Oden, "Life in the Spirit: Systematic Theology" (Vida en el Espíritu: teología sistemática), Vol. 3 (San Francisco: Harper Collins, 1992), 20, citado por Solivan, 54.

inseminación artificial, logra la conexión y la agencia humana dentro de comunidades diversas. El material genético transmitido al nacer es un legado de los antepasados de nuestras familias de origen. Además, la cultura y el lenguaje que nos enseñan son producto de las comunidades humanas.

La educación y su papel en las comunidades

La educación puede ser definida como el "proceso entero mediante el cual una cultura se transmite a sí misma a través de las generaciones".[142] Jerome Bruner va más allá cuando sugiere que la educación "no es solamente un proceso de transmisión de cultura, sino también, el ofrecimiento de visiones alternas del mundo y fortalecimiento de la voluntad de explorarlas".[143] Según Bernard Bailyn, los grandes ejes de la sociedad "americana" (en alusión a los Estados Unidos, pero aplicable a todas las Américas) durante el período colonial (1607-1783) fueron la familia, la congregación, la comunidad y la economía.[144] Más tarde, en la historia de los Estados Unidos surgieron otros ejes: escuelas, guarderías y agencias juveniles, varios medios de comunicación y el propio cuerpo político que ha formado y determinado las políticas y prácticas educativas. Se entendía que la vida comunitaria abarcaba a las familias, las congregaciones, las escuelas y los vecindarios locales, incluyendo a colegas y a las agencias que a nivel local ofrecían programas para el cuidado de los niños y jóvenes. Estas entidades comunitarias y corporativas forman y trasmiten conocimientos, valores, actitudes, habilidades y sensibilidades sobre la manera de ver y entender la vida, afectando así la configuración o ecología educativa de cada persona.[145]

Cada persona vive, se mueve y existe dentro de un entorno comunal. La fe cristiana afirma que en Dios "vivimos, y nos movemos, y somos" (Hch 17: 28), como el apóstol Pablo les sugirió a los griegos, citando a uno de sus poetas de la Atenas del siglo I. Dios está decidido a reproducir la vida comunal de la Trinidad (*perichoresis*) en la experiencia de cada persona y comunidad humana. Los maestros tienen ante sí la tarea de establecer los vínculos explícitos e implícitos entre Dios y la matriz de la vida comunitaria, de tal modo que informen, formen e inviten a una transformación en colaboración con la persona y la obra del Espíritu

---

[142] Bernard Baily, "Education in the Forming of American Society" (La educación en la formación de la sociedad americana) (Nueva York: W. W. Norton, 1960), 14.
[143] Jerome S. Bruner, "On Knowing: Essys for the Left Hand" (Conocimiento: ensayos para la mano izquierda) (Nueva York: Antheneum, 1962), 117.
[144] Bailyn, 45.
[145] Lawrene A. Cremin, "Traditions of American Education" (Tradiciones de la educación Americana) (Nueva York: Basic Books, 1977), 134.

Santo. La imaginación espiritual alienta la exploración e implementación de alternativas a las realidades actuales. Esta tarea es vitalicia, tal y como Jesús sugiere en la comisión educativa que da a sus seguidores al final del Evangelio de Mateo (Mt 28: 18-20).

Las raíces comunitarias del Nuevo Testamento: Mateo y Romanos

Cabe mencionar que, aunque Mateo aparece como el primero de los evangelios del Nuevo Testamento, los eruditos generalmente están de acuerdo en que históricamente le correspondería al Evangelio de Marcos. ¿Por qué aparece el Evangelio de Mateo primero? William Herzog, colega que ha enseñado el Nuevo Testamento, sugiere que Mateo era un documento catequístico muy importante para los seguidores de Jesús. Su estructura es una réplica del Pentateuco porque organiza la enseñanza de Jesús en cinco bloques o unidades, las cuales concluyen con sus palabras desafiantes para los discípulos:

> Y Jesús se acercó y les habló diciendo: Toda potestad me es dada en el cielo y en la tierra. Por tanto, id, y haced discípulos a todas las naciones, bautizándolos en el nombre del Padre, y del Hijo, y del Espíritu Santo; enseñándoles que guarden todas las cosas que os he mandado; y he aquí yo estoy con vosotros todos los días, hasta el fin del mundo. Amén (Mt 28: 18-20).

Esta comisión abarcadora en nombre del Padre, Hijo y Espíritu Santo requiere que se preste atención a las dimensiones comunitarias de la vida de fe.

La Trinidad misma es una comunidad de tres personas que tienen una relación íntima, tal y como lo sugiere el concepto teológico de la *perichoresis* o presencia recíproca. "La perichoresis implica una vida recíproca e interdependiente, lo cual conlleva la transformación del corazón humano para que se acoja a la comunidad humana".[146] El Espíritu Santo posibilita esta transformación mediante su obra en los ministerios de enseñanza de las comunidades cristianas. Como parte de la vida recíproca dentro de la comunidad cristiana, los seguidores deben aprender todo lo que Jesús mismo ordenó. Esta tarea requiere la educación continua en el proceso de hacer discípulos y la dependencia del Espíritu Santo, por medio de quien Jesús permanece con nosotros hasta el fin del mundo. El acordarse de por sí conlleva que el Espíritu Santo nos unja a diario y obre en los corazones de los estudiantes hasta

---

146 Robert W. Pazmiño, God our Teacher: Theological Basics in Christian Education" (Grand Rapids: Baker Academic, 2001), 31.

formarlos como discípulos. Tiene que obrar en la enseñanza y el aprendizaje de la comunidad para que la transformación humana y social sea genuina y sostenible, logrando así los propósitos de Dios. Acerca de la educación cristiana y la comisión educativa de Mateo, James Loder tenía un dicho muy famoso entre sus estudiantes: «Hace falta la Trinidad para criar a un niño».[147]

A fin de ampliar las ideas de Loder, sugiero lo siguiente: Hace falta una congregación fiel o comunidad de fe para criar a un niño. Además del papel de las familias, las comunidades de fe son esenciales para la formación de la fe de niños, jóvenes y adultos. Los fieles colaboran con el Espíritu Santo en la transmisión de todo lo que Jesús mandó y la obediencia a sus mandamientos. Estos se resumen en los dos grandes mandamientos de amar a Dios y al prójimo (Mt 22: 37-40). En medio de la crisis ecológica que vive el mundo, yo añadiría la necesidad de amar a la creación de Dios, que de por sí es objeto de su amor y cuidado, como se sugiere en el capítulo 3, versículo 16 de Juan: "Porque de tal manera amó Dios *al mundo*, que ha dado a su Hijo unigénito, para que todo aquel que en él cree, no se pierda, mas tenga vida eterna". Sus planes para bendecir a la humanidad con la venida de Jesús también abarcan a la creación, como se explicita en el capítulo 8, versículos del 18 al 30 de Romanos:

> Pues tengo por cierto que las aflicciones del tiempo presente no son comparables con la gloria venidera que en nosotros ha de manifestarse. Porque el anhelo ardiente de la creación es el aguardar la manifestación de los hijos de Dios. Porque la creación fue sujetada a vanidad, no por su propia voluntad, sino por causa del que la sujetó en esperanza; porque también la creación misma será libertada de la esclavitud de corrupción, a la libertad gloriosa de los hijos de Dios. Porque sabemos que toda la creación gime a una, y a una está con dolores de parto hasta ahora; y no sólo ella, sino que también nosotros mismos, que tenemos las primicias del Espíritu, nosotros también gemimos dentro de nosotros mismos, esperando la adopción, la redención de nuestro cuerpo. Porque en esperanza fuimos salvos; pero la esperanza que se ve, no es esperanza; porque lo que alguno ve, ¿a qué esperarlo? Pero si esperamos lo que no vemos, con paciencia lo aguardamos.
>
> Y de igual manera el Espíritu nos ayuda en nuestra debilidad; pues qué hemos de pedir como conviene, no lo sabemos, pero el Espíritu mismo intercede por nosotros con gemidos indecibles. Mas el que

[147] James Loder citado por Dana R. Wright en, "The Potential Contribution of Loder to Practical Theological Science", en "Redemptive Transformation in Practical Theology" (Transformación redentora en la teología práctica) eds. Dana R. Wright y John D. Kuentzel (Grand Rapids: Eerdmans, 2004), 426.

> escudriña los corazones sabe cuál es la intención del Espíritu, porque conforme a la voluntad de Dios intercede por los santos.
>
> Y sabemos que a los que aman a Dios, todas las cosas les ayudan a bien, esto es, a los que conforme a su propósito son llamados. Porque a los que antes conoció, también los predestinó para que fuesen hechos conformes a la imagen de su Hijo, para que él sea el primogénito entre muchos hermanos. Y a los que predestinó, a éstos también llamó; y a los que llamó, a éstos también justificó; y a los que justificó, a éstos también glorificó.

Dios ha trazado un plan cuya dimensión comunitaria tiene un alcance universal y requiere el reconocimiento de que los primeros y últimos frutos del Espíritu liberarán a la gente y a la creación. Su intercesión es esencial para el proceso y la aparición de la "gran familia" que ama a Dios. En el Antiguo Testamento encontramos un ejemplo de enseñanza comunitaria que nos da un anticipo de sus propósitos para la comunidad de fe.

La enseñanza comunitaria: un ejemplo del Antiguo Testamento

El capítulo 8 de Nehemías ofrece una descripción notable de la manera en que la enseñanza renueva a la comunidad fe. Este pasaje, digno de ser citado, describe los ministerios de enseñanza de Esdras, los levitas y todo el pueblo en su duelo y celebración del retorno del exilio y la reconstrucción de Jerusalén y su vida comunitaria:

> Y se juntó todo el pueblo como un solo hombre en la plaza que está delante de la puerta de las Aguas, y dijeron a Esdras el escriba que trajese el libro de la ley de Moisés, la cual Jehová había dado a Israel. Y el sacerdote Esdras trajo la ley delante de la congregación, así de hombres como de mujeres y de todos los que podían entender, el primer día del mes séptimo. Y leyó en el libro delante de la plaza que está delante de la puerta de las Aguas, desde el alba hasta el mediodía, en presencia de hombres y mujeres y de todos los que podían entender; y los oídos de todo el pueblo estaban atentos al libro de la ley. Y el escriba Esdras estaba sobre un púlpito de madera que habían hecho para ello, y junto a él estaban Matatías, Sema, Anías, Urías, Hilcías y Maasías a su mano derecha; y a su mano izquierda, Pedaías, Misael, Malquías, Hasum, Hasbadana, Zacarías y Mesulam. Abrió, pues, Esdras el libro a ojos de todo el pueblo, porque estaba más alto que todo el pueblo; y cuando lo abrió, todo el pueblo estuvo atento. Bendijo entonces Esdras a Jehová, Dios grande. Y todo el pueblo respondió: ¡Amén! ¡Amén! alzando sus manos; y se humillaron y adoraron a Jehová inclinados a tierra. Y los levitas Jesúa, Bani, Serebías, Jamín, Acub, Sabetai, Hodías, Maasías, Kelita, Azarías, Jozabed, Hanán y

Pelaía, hacían entender al pueblo la ley; y el pueblo estaba atento en su lugar. Y leían en el libro de la ley de Dios claramente, y ponían el sentido, de modo que entendiesen la lectura.

Y Nehemías el gobernador, y el sacerdote Esdras, escriba, y los levitas que hacían entender al pueblo, dijeron a todo el pueblo: Día santo es a Jehová nuestro Dios; no os entristezcáis, ni lloréis; porque todo el pueblo lloraba oyendo las palabras de la ley. Luego les dijo: Id, comed grosuras, y bebed vino dulce, y enviad porciones a los que no tienen nada preparado; porque día santo es a nuestro Señor; no os entristezcáis, porque el gozo de Jehová es vuestra fuerza. Los levitas, pues, hacían callar a todo el pueblo, diciendo: Callad, porque es día santo, y no os entristezcáis. Y todo el pueblo se fue a comer y a beber, y a obsequiar porciones, y a gozar de grande alegría, porque habían entendido las palabras que les habían enseñado.

Al día siguiente se reunieron los cabezas de las familias de todo el pueblo, sacerdotes y levitas, a Esdras el escriba, para entender las palabras de la ley. Y hallaron escrito en la ley que Jehová había mandado por mano de Moisés, que habitasen los hijos de Israel en tabernáculos en la fiesta solemne del mes séptimo; y que hiciesen saber, y pasar pregón por todas sus ciudades y por Jerusalén, diciendo: Salid al monte, y traed ramas de olivo, de olivo silvestre, de arrayán, de palmeras y de todo árbol frondoso, para hacer tabernáculos, como está escrito. Salió, pues, el pueblo, y trajeron ramas e hicieron tabernáculos, cada uno sobre su terrado, en sus patios, en los patios de la casa de Dios, en la plaza de la puerta de las Aguas, y en la plaza de la puerta de Efraín. Y toda la congregación que volvió de la cautividad hizo tabernáculos, y en tabernáculos habitó; porque desde los días de Josué hijo de Nun hasta aquel día, no habían hecho así los hijos de Israel. Y hubo alegría muy grande. Y leyó Esdras en el libro de la ley de Dios cada día, desde el primer día hasta el último; e hicieron la fiesta solemne por siete días, y el octavo día fue de solemne asamblea, según el rito.

La adoración ocupa un lugar prominente en esta narración de renovación, así como el papel clave de la interpretación de los que enseñaban al pueblo. La adoración permite que la comunidad se regocije en el Señor y esto contribuye a su formación y fortalecimiento. El pasaje de Nehemías implica que el Espíritu obró en la comunidad de fe a través de las vidas y los ministerios de los participantes. Cabe señalar que es la primera vez que un púlpito es mencionado en la Biblia, desde el cual Esdras proclamó la Palabra de Dios a todo el que pudiera entenderla. Era un líder ejemplar que "había preparado su corazón para inquirir la ley de Jehová y para cumplirla, y para enseñar en Israel sus estatutos y decretos" (Esd 7: 10). Este pasaje describe la tarea educativa de los levitas. Estos organizaron al pueblo dividiéndolo en grupos para interpretarles la lectura de Esdras. Los levitas se distinguen de los sacerdotes en que, en lugar de supervisar los rituales religiosos, enseñaron al pueblo el consejo bíblico para la vida comunitaria.[148]

Los líderes de la comunidad repatriada estudiaron las palabras de la Ley en busca de unidad y paz. Cabe destacar que el pueblo respondió enviándoles porciones a los que no tenían comida. Qué emocionante debe de haber sido la participación de los niños, jóvenes y hasta los adultos en la construcción de los tabernáculos y trasnochar juntos. El elaborado Festival de los Tabernáculos se prestaba para la educación formal e informal, ya que el pueblo acampaba en tiendas durante ocho días para honrar las peregrinaciones de sus antepasados. De seguro recontaron las historias del pasado en busca de aplicaciones a los problemas del momento. Tales ocasiones forjan la identidad de la comunidad y reavivan los vínculos de hermandad que la sostendrán por generaciones. También, la desafían a que tome los próximos pasos de obediencia al llamado de serle fiel a Dios y a dejar que el Espíritu guíe su vida corporativa.

La comunidad de fe debe aprovechar sus transiciones para evaluar y meditar en las maneras en que Dios ha cubierto sus necesidades en el pasado. Ese conocimiento es una invitación a que continúe confiando en Dios. Los líderes deben renovar su confianza en el Dios que ha mantenido a la comunidad. Los pactos tienen que ser revisados y renovados para que continúen hacia delante. Esa renovación se presta para que juntos lloren, confiesen, alaben, adoren y se regocijen en el culto. El recuento del pasado implica lamentarse y confesar lo que se quedó inconcluso y llevó al exilio en Babilonia. Pero a pesar de estos fracasos, Dios los perdonó, fue paciente, misericordioso y amoroso, llevándolos de regreso a Jerusalén. Por ese amor y misericordia se merece la alabanza, la adoración y las gracias de los líderes y el pueblo. Estos deben reconocer que Dios ha obrado poderosamente por la nación, llamándola a un nuevo comienzo. Como resultado, comparten esta realidad: "El gozo de Jehová es vuestra fuerza" (Ne 8: 10).

El Espíritu de Dios obró tanto en las vidas del liderazgo como del pueblo para moldearlos en su tierra. Desde antes estuvo obrando en los corazones y las vidas de Nehemías y Esdras para que concretaran sus deseos (Sal 37: 4), capacitándolos con los dones espirituales que necesitarían para dirigir la nación. Además, fue quien movió al cuerpo de maestros de los levitas a que emprendieran el regreso y la transición hacia su patria. También obró en los que tomaron la decisión de salir de

---

148 Para una discusión más amplia de las implicaciones educativas de este pasaje, véase Robert W. Pazmiño, "Latin American Journey: Insights for Christian Education in North America" (Cleveland: United Church Press, 1994), 123-144.

Babilonia y tomaron en cuenta el precio del retorno. Sin embargo, también consideraron las bendiciones que gozarían, incluyendo el ser libres, con todo y deberes y responsabilidades, en ese nuevo y formidable escenario. De seguro que en cada caso hubo que tomar en cuenta el costo y la voluntad de aventurarse junto con sus compañeros. Ese emprendimiento incluyó la formación de una nueva comunidad dirigida por el Espíritu de Dios, la cual enfrentaría un sinnúmero de amenazas y riesgos. El Espíritu se encargó de cada uno de los retos que surgieron durante el proceso.

En esta exposición del relato del capítulo 8 de Nehemías sobresalen el propósito o las tareas de la adoración y formación de la comunidad. Estas son dos de las cinco tareas de los fundamentos de la educación cristiana que requieren el ejercicio de los dones espirituales para el sostenimiento y el bien de la comunidad como ya lo he discutido en otra obra.[149] Las otras son el servicio, la defensa y la proclamación, las cuales están presentes en el pasaje, como veremos.

El Espíritu permitió que la Palabra de Dios fuera proclamada en medio de la comunidad a través de la lectura de Esdras. Nótese el ministerio de enseñanza de los levitas. Estos fomentaron la comprensión de la lectura mediante la división del pueblo en grupos facilitadores de la discusión, el diálogo y las preguntas. El servicio es resaltado por las personas anónimas que prepararon la comida y la compartieron con quienes no tenían nada. Otro ejemplo lo vemos en la construcción de las tiendas y las labores de limpieza al final del festival. La defensa de los marginados está implícita en haberse acordado de los que no tenían comida y el liderazgo de las cabezas de familia que hablaron a nombre de los marginados. La reunión de los líderes resultó en que invitaran a la gente de sus ciudades al próximo festival. Esta defensa pudiera llevar a que los olvidados sean incluidos en la toma de decisiones. La justicia y equidad en las comunidades se desprende de quiénes son incluidos o excluidos de la mesa de las decisiones. En esos debates, cabe preguntarse qué es una comunidad.

¿Qué define a una comunidad?

John Westerhoff, el educador cristiano, ha planteado esta pregunta, la que requiere discernimiento sobre la manera en que el Espíritu está obrando en la vida comunitaria. En ello resulta esencial la identificación y acogida del bien común, cimentados por las cosas que se tengan en

[149] Robert W. Pazmiño, "Foundational Issues in Christian Education" (Problemas fundacionales de la educación cristiana, tercera edición) (Grand Rapids: Baker Academic, 2008), 46-55.

común. Westerhoff ha propuesto los siguientes elementos como parte de la comunidad de fe:

1. Un fuerte sentido de identidad y apertura al mundo
2. Una memoria o historia colectiva
3. Una visión de metas (fines) y medios (normas) comunes para los cuales se vive
4. Una autoridad o principio común para resolver los conflictos que surjan entre los entendimientos y maneras de hacer las cosas de la comunidad y las situaciones de los individuos
5. Una vida en común similar a la de una "familia"[150]

Esta "vida en común" se logra mediante los rituales que aportan los vínculos simbólicos y estéticos entre los miembros. Además, nótese que las autoridades comunes pueden requerir la negociación de las prioridades de acuerdo con los contextos y los tiempos. El ministerio del Espíritu es evidente en la vida del liderazgo y de los participantes, como en el caso de Nehemías, en donde tuvieron que coordinar y complementar sus papeles y dones. El apóstol Pablo aprecia el significado de esta interacción en su descripción del funcionamiento de los dones espirituales bajo la dirección del Espíritu Santo:

> No quiero, hermanos, que ignoréis acerca de los dones espirituales. Sabéis que cuando erais gentiles, se os extraviaba llevándoos, como se os llevaba, a los ídolos mudos. Por tanto, os hago saber que nadie que hable por el Espíritu de Dios llama anatema a Jesús; y nadie puede llamar a Jesús Señor, sino por el Espíritu Santo.
>
> Ahora bien, hay diversidad de dones, pero el Espíritu es el mismo. Y hay diversidad de ministerios, pero el Señor es el mismo. Y hay diversidad de operaciones, pero Dios, que hace todas las cosas en todos, es el mismo. Pero a cada uno le es dada la manifestación del Espíritu para provecho. Porque a éste es dada por el Espíritu palabra de sabiduría; a otro, palabra de ciencia según el mismo Espíritu; a otro, fe por el mismo Espíritu; y a otro, dones de sanidades por el mismo Espíritu. A otro, el hacer milagros; a otro, profecía; a otro, discernimiento de espíritus; a otro, diversos géneros de lenguas; y a otro, interpretación de lenguas. Pero todas estas cosas las hace uno y el mismo Espíritu, repartiendo a cada uno en particular como él quiere.
>
> Porque, así como el cuerpo es uno, y tiene muchos miembros, pero todos los miembros del cuerpo, siendo muchos, son un solo cuerpo, así también Cristo. Porque por un solo Espíritu fuimos todos bautizados en

---

[150] John H. Westerhoff, III, "The Future" (El future) en John H. Westerhoff, III y O. C. Edwards, eds. "A Faithful Church: Issues in the History of Catechesis" (Wilton, Conn: Morehouse-Barlow), 302.

> un cuerpo, sean judíos o griegos, sean esclavos o libres; y a todos se nos dio a beber de un mismo Espíritu.
>
> Además, el cuerpo no es un solo miembro, sino muchos. Si dijere el pie: Porque no soy mano, no soy del cuerpo, ¿por eso no será del cuerpo? y si dijere la oreja: Porque no soy ojo, no soy del cuerpo, ¿por eso no será del cuerpo? si todo el cuerpo fuese ojo, ¿dónde estaría el oído? Si todo fuese oído, ¿dónde estaría el olfato? mas ahora Dios ha colocado los miembros cada uno de ellos en el cuerpo, como él quiso. Porque si todos fueran un solo miembro, ¿dónde estaría el cuerpo? Pero ahora son muchos los miembros, pero el cuerpo es uno solo. Ni el ojo puede decir a la mano: No te necesito, ni tampoco la cabeza a los pies: No tengo necesidad de vosotros. Antes bien los miembros del cuerpo que parecen más débiles, son los más necesarios; y a aquellos del cuerpo que nos parecen menos dignos, a éstos vestimos más dignamente; y los que en nosotros son menos decorosos, se tratan con más decoro.
>
> Porque los que en nosotros son más decorosos, no tienen necesidad; pero Dios ordenó el cuerpo, dando más abundante honor al que le faltaba, para que no haya desavenencia en el cuerpo, sino que los miembros todos se preocupen los unos por los otros. De manera que si un miembro padece, todos los miembros se duelen con él, y si un miembro recibe honra, todos los miembros con él se gozan.
>
> Vosotros, pues, sois el cuerpo de Cristo, y miembros cada uno en particular. y a unos puso Dios en la iglesia, primeramente apóstoles, luego profetas, lo tercero maestros, luego los que hacen milagros, después los que sanan, los que ayudan, los que administran, los que tienen don de lenguas. ¿Son todos apóstoles? ¿Son todos profetas? ¿todos maestros? ¿Hacen todos milagros? ¿Tienen todos dones de sanidad? ¿Hablan todos lenguas? ¿Interpretan todos? Procurad, pues, los dones mejores. Mas yo os muestro un camino aún más excelente (1 Co 12).

El Espíritu Santo orquesta los diversos dones, servicios y actividades que sostienen la vida y el crecimiento de la comunidad de fe. Los conflictos y las preguntas son de esperarse y hasta inevitables; eso lo confirma la carta de Pablo a Corinto. Ese "camino más excelente" se refiere al amor, como vemos en el siguiente capítulo de 1 Corintios y en el capítulo siete de esta obra. El apóstol Pedro sabiamente aplica y resume las perspectivas de Pablo, con quien tuvo sus diferencias: "Y ante todo, tened entre vosotros ferviente amor; porque el amor cubrirá multitud de pecados" (1 P 4: 8). Esta cobertura de los pecados no resta importancia a las demandas de la justicia ni a la difícil tarea de edificar la paz, tanto en la vida de las comunidades de fe como en las relaciones sociales en general. La justicia exige que se atienda a las víctimas del pecado, analizando los sistemas y las estructuras sociales y sus frutos de liberación y opresión en la vida cotidiana de la gente.

Preguntas y respuestas para la comunidad cristiana

En su obra, *The Church as Learning Community* (La Iglesia como comunidad de aprendizaje), Norma Cook Everist identifica dos preguntas claves para la comunidad cristiana, mientras que, al mismo tiempo confronta la diversidad de una cultura pluralista: "¿Cuál es la tarea de la comunidad de fe cuando asumimos que el plan de estudios es la totalidad del mundo en el que vivimos? ¿Cómo podemos equipar a cada persona dentro de la comunidad cristiana de aprendizaje para que se convierta en maestra y alumna?".[151] Cada comunidad de fe lucha con estas preguntas al tiempo que reconoce los detalles de su contexto local. Hace falta discernimiento espiritual para responderlas, confiando en la persona y obra del Espíritu Santo a través de los maestros.

Julie A. Gorman ha ofrecido sus ideas para responder a las preguntas de Everist a partir del papel de los grupos pequeños dentro de las iglesias.[152] "Un grupo pequeño grupo se presta para el desarrollo del compromiso" y la confianza.[153] Esto incluye que se dependa en la colaboración con el Espíritu Santo y se apoye en otras personas. Esta red de relaciones interdependientes sigue los valores cristianos de la verdad, el amor, la fe, la esperanza y el gozo, como fue discutido en la segunda parte de esta obra. Pero, aparte del ministerio valioso de los grupos pequeños, la congregación misma puede convertirse en una comunidad de aprendizaje reconociendo que es "integral, relacional y público".[154] Thomas Hawkins encuentra el fundamento bíblico para esta realidad comunal en el discurso de despedida de Jesús, registrado en el Evangelio de Juan:

> En su discurso de despedida, Jesús constituye a sus discípulos como una comunidad nueva de aprendizaje y enseñanza. El Espíritu Santo la dirigirá hacia una comprensión más profunda de la revelación de Dios en Jesucristo. «Os he dicho estas cosas estando con vosotros. Mas el Consolador, el Espíritu Santo, a quien el Padre enviará en mi nombre, él

[151] Norma Cook Everist, "The Church as Learning Community: A comprehensive Guide to Christian Education" (Nashville: Abingdon, 2002), 9.

[152] Véase Julie A. Gorman, "Community that is Christian: A Handbook on Small Groups" (Una comunidad cristiana: manual para los grupos pequeños), segunda edición (Grand Rapids: Baker Books, 2002).

[153] Ibíd, 65.

[154] Thomas R. Hawkins, "The Learning Congregation: A New Vision of Leadership" (La congregación aprendiz: una nueva visión para el liderazgo) (Louisville: Westminster/John Knox, 1997), 39.

os enseñará todas las cosas, y os recordará todo lo que yo os he dicho» (Juan 14: 25-26). Un poco más adelante, Jesús les promete que «... cuando venga el Espíritu de verdad, él os guiará a toda la verdad» (Juan 16:13). Sus palabras invitan a los discípulos a una nueva comunidad que se caracteriza por el cambio, el crecimiento, el aprendizaje y la transformación.[155]

El Espíritu es indispensable en la nueva comunidad de los discípulos de Jesús. Los líderes y maestros deben reconocer que son sus colaboradores en el ministerio dentro de la comunidad. Esta colaboración exige que a diario se llenen y confíen en la dirección del Espíritu, como lo sugiere la oración del líder y maestro Agustín de Hipona:

> Espíritu Santo, inspíranos, para que pensemos santamente. Espíritu Santo, incítanos, para que obremos santamente. Espíritu Santo, atráenos, para que amemos las cosas santas. Espíritu Santo, fortalécenos, para que defendamos las cosas santas. Espíritu Santo, ayúdanos, para que no perdamos nunca las cosas santas.[156]

Esta oración es apropiada para los seguidores de Jesús que conviven dentro de la comunidad cristiana. La oración de Agustín considera las dimensiones intelectuales, emocionales, sociales, morales, físicas y espirituales de quienes sirven como líderes y seguidores, tanto en la iglesia como en otros entornos ministeriales. Estas dimensiones fueron discutidas en la introducción a la segunda parte de esta obra y pueden ser integradas a la dimensión espiritual, usando el modelo de Ted Ward sobre la mano. El Espíritu Santo colabora con los espíritus humanos para la formación de comunidades espirituales e intergeneracionales que sostienen a la gente a través de la vida.

---

[155] Ibíd, 14.

[156] Augustine of Hippo. "Prayer for the Indwelling of the Spirit," Patron Saints Index: Augustine of Hippo, www.catholic-forum.com/saints/sainta02.htm. Traducción tomada de http://www.corazones.org/oraciones/oraciones_espiritu_santo/a_oracion_espiritu_santo.htm

CAPÍTULO 12

La enseñanza y la vida privada

Octavio J. Esqueda

El gran teólogo africano Agustín de Hipona después de su conversión al cristianismo describió su experiencia y reflexiones sobre su nueva vida en Cristo en sus *Confesiones*. En una de sus frases más conocidas expresó correctamente el propósito central de nuestra existencia al referirse a Dios con estas palabras: "Nos creaste para ti y nuestro corazón andará siempre inquieto mientras no descanse en ti"[157]. De la misma manera, el filósofo francés Pascal explicó que el fin último de la vida tiene como fundamento nuestra relación con el Señor creador del universo: "el abismo infinito (del ser humano) solamente puede ser llenado por un objeto infinito e inmutable, es decir, por Dios mismo".[158] Al igual que Agustín y Pascal, en la tradición reformada el catecismo de Westminster inicia con la afirmación central que le da sentido a nuestra vida: "¿Cuál es el fin principal del hombre? El fin principal del hombre es el de glorificar a Dios y gozar de él para siempre".[159]

Así que, nuestra vida solamente encuentra su sentido en el Dios trino quien es la fuente central de todo lo que somos y hacemos. Nuestra enseñanza fluye de quienes somos realmente ya que nadie puede dar lo que no tiene. Para que nuestra enseñanza y ministerio tenga la unción del Espíritu Santo es imperativo que nuestra vida esté cimentada en el Dios trino y que permitamos que el Espíritu Santo guíe nuestras acciones. Nuestro ministerio público siempre fluye de nuestra vida privada.

Este capítulo explora algunos principios fundamentales de la vida espiritual que tanto maestros como alumnos pueden seguir para que sus vidas cuenten con la unción del Espíritu Santo. La enseñanza cristiana es básicamente un ministerio de gracia en el que el Dios de todo el universo decide colaborar con nosotros a través del Espíritu Santo. Esta colaboración incluye la anunciación de la nueva vida que Dios nos da y también la denunciación de todo aquello que impide la plenitud de la vida. Estos principios para nuestra vida espiritual no son recientes, pero

---

157 Agustín de Hipona. *Confesiones*. (Libros en Red. 1.1), p. 5

158 Blaise Pascal. *Pensées*. Section VII, Morality and Doctrine, 425

159 Catecismo Menor de Westminster. 1.1

sí son importantes para todos los cristianos sin importar su época o lugar geográfico. Por ejemplo, como educadores en el siglo 21 podemos aprender sobre nuestra vida espiritual siguiendo los consejos del importante reformador español Juan de Valdés.

Juan de Valdés y la vida espiritual

Juan de Valdés es una de las figuras más importantes y a la vez poco conocidas tanto de la Reforma española como de la Reforma italiana. Valdés nació aproximadamente en 1509 en Cuenca, España y murió en 1541 en Nápoles, Italia.[160] Juan de Valdés publicó en 1529 el *Diálogo de Doctrina cristiana*, el primer libro "protestante" impreso en España, en el que enfatizaba la autoridad de las Escrituras y la salvación solamente por la fe en Jesucristo.[161] Al poco tiempo, este libro fue puesto en la lista de libros prohibidos por la Inquisición y Juan de Valdés se mudó a Italia en donde se convirtió en el padre de los reformadores italianos.[162]

En 1535 Valdés publicó en castellano su *Alfabeto Cristiano* y en 1546 salió la versión en italiano. En el *Alfabeto*, su segunda obra, Valdés establece algunas pautas centrales sobre la vida cristiana a manera de un dialogo entre el propio Valdés y una mujer noble llamada Julia Gonzaga quien desea crecer en su fe. Esta obra, aunque poco conocida, ofrece principios fundamentales para todos los creyentes y educadores cristianos. Al inicio, Valdés enfatiza que la verdadera felicidad de los seres humanos se encuentra a través de la vida que Dios ofrece por medio de Cristo: "Que la felicidad de los hombres consiste en su conocimiento de Dios y de Cristo mostrado a la luz de la fe y de la unión del alma con Dios por medio de la fe, la esperanza y la caridad. Esta felicidad solamente la puede alcanzar el verdadero cristiano".[163] Valdés también aclara que necesitamos conocernos a nosotros mismos para ser sensibles a la voz de Dios y así encontrar el contentamiento que Dios nos ofrece y que va mucho más allá de nuestras circunstancias actuales: "Enfócate en ti mismo, abre los ojos de tu alma, para que puedas escuchar la voz de Dios y así pensar como un verdadero cristiano que en esta vida no puedes tener otro contentamiento y descanso real sino que el viene a ti a través del conocimiento de Dios por medio de la fe y del amor de Dios".[164]

---

[160] José C. Nieto. *El Renacimiento y la otra España: Visión Cultural Sociocultural*. Geneve: Librairie Droz, 1997, p. 104

[161] David Estrada Herreo, introducción, p. 8. En Juan de Valdés. *Dialógo de Doctrina*. Sevilla: Editorial MAD, 2008.

[162] Ibid., 7

[163] Juan de Valdés. *Alfabeto Cristiano*. (London: Bostworth & Harrison, 1861), p. 20

[164] Ibid., p. 23

El tema central del *Alfabeto Cristiano* de Juan de Valdés es una lista que provee principios fundamentales para el crecimiento espiritual de los creyentes. Valdés es claro al afirmar que no son reglas firmes que seguir sino consejos que ayudan a los creyentes a reflexionar sobre su vida espiritual. Estos consejos tienen casi 500 años, pero siguen siendo relevantes para la actualidad y nos ayudan a poner atención en la importancia que tiene nuestra relación con Dios para después poder servir a los demás. Estos son los pasos básicos que propone Valdés para Julia y de los que podemos aprender todos nosotros:

1. Estar consciente que de la manera en que has estado viviendo hasta la actualidad no puede guiarte a Cristo.
2. Tener la resolución de caminar por este camino que sin falla conduce a Cristo.
3. Determinar empezar a caminar por él.
4. Dejar a un lado los comportamientos y conversaciones mundanos los cuales tienden a separarte de Dios y hacer a un lado todas las especulaciones curiosas.
5. Ocupar una porción de cada día para entrar en el conocimiento del mundo.
6. Que por medio de este conocimiento te esfuerces a desairar y a aborrecer el mundo.
7. Que apartes tiempo cada día para entrar en el conocimiento de ti misma.
8. Que por medio de este conocimiento trabajes para liberar tu corazón del amor propio.
9. Que tomes otra pequeña porción de tiempo para adentrarte en el conocimiento de Dios. y que lo hagas por el conocimiento de Cristo.
10. Que por este conocimiento te enamores de Dios a través de Cristo y a la vez te enamores de Cristo.
11. Que tanto por las narrativas tanto del Antiguo como del Nuevo testamento confirmes en tu alma tu fe tanto en creencia como en confianza.
12. Que de la misma manera confirmes y fortalezcas tu alma en la expectativa de la vida eterna.[165]

A través de estos principios, Juan de Valdés enfatiza la necesidad que todos tenemos de poner nuestra relación con Dios como una prioridad en nuestras vidas. Es importante hacer una introspección que nos lleve a reconocer nuestra gran necesidad por vivir bajo el señorío de Cristo y bajo la guía del Espíritu Santo. De la misma manera, es necesario que

---

[165] Ibid., p. 125-126

recordemos que Dios nos invita a que disfrutemos libremente de su presencia. No hay nada más importante que nuestra relación con Dios porque todo es un resultado de nuestra comunión con el Señor. Dios obrando en nosotros y a través de nosotros para el beneficio de los demás es la base central de la educación cristiana.

Cenando con Jesús

Nuestra relación Dios es central para nuestra vida y ministerio, pero es muy fácil estar tan ocupados en la obra de Dios que nos olvidamos del Dios de la obra. Todos los creyentes, pero en especial los líderes y maestros cristianos enfrentamos la tentación de preocuparnos tanto por nuestro ministerio que descuidamos nuestra relación con Dios y los demás. Lamentablemente, muchos creyentes proclaman que el cristianismo no es una religión sino una relación personal con Dios, pero viven siguiendo reglas religiosas y se olvidan de la relación una vez que deciden seguir a Cristo. Jesucristo nos invita a deleitarnos en su presencia y a disfrutar de una relación íntima con Dios a través del Espíritu Santo.

Las palabras de Jesús a la iglesia en Laodicea en Apocalipsis 3:20 son una invitación constante para todos nosotros: "He aquí, yo estoy a la puerta y llamo; si alguno oye mi voz y abre la puerta, entraré a él, y cenaré con él, y él conmigo". Nuestro Dios desea que disfrutemos de su presencia y toma la iniciativa a invitarnos a la mesa para cenar con él. El pastor y cantante cristiano Jesús Adrián Romero describe la importancia de la imagen de la cena para describir la relación que Dios desea tener con nosotros en su libro *Cenando con Jesús*.[166] Las cenas en los tiempos bíblicos y también en muchas culturas en la actualidad son mucho más que una comida rápida para satisfacer una necesidad física. Las cenas importantes requieren preparación y esmero para asegurarnos que no falte ningún detalle que nos distraiga de pasar el tiempo con nuestros invitados. Este tipo de reuniones se celebran con familiares y amigos y en ellas se le presta atención a cada momento porque son una fiesta de la vida y demuestra la relación profunda que existe entre los participantes. De hecho, en las cenas especiales la conversación durante la "sobremesa" se puede extender por horas ya que se disfruta la oportunidad de convivir con seres queridos y nuestro enfoque está en ellos y no en el reloj o en las circunstancias a nuestro alrededor. La comida es obviamente muy importante, pero en realidad es secundaria a las personas con las que comemos y pasamos el tiempo juntos.

---

[166] Jesús Adrián Romero. *Cenando con Jesús*. (Lake Mary, FL: Casa Creación), 2002.

El libro de *Cenando con Jesús* de Jesús Adrián Romero tuvo un impacto muy grande en mi vida durante un tiempo en el que me encontraba frustrado porque mis deseos por servir a Dios parecían estar bloqueados por falta de oportunidades de ministerio. En ese tiempo me encontraba a punto de terminar mi doctorado, pero las puertas se habían cerrado inesperadamente en las distintas posibilidades de trabajo que tenía. Después de muchos años de esfuerzo estudiando la maestría en el seminario y el doctorado en la universidad estaba cerca de culminar mis metas académicas, pero el premio a tanto esfuerzo parecía desvanecerse. Yo anhelaba servir a Dios y pensaba que al término de mi preparación académica tendría muchas oportunidades de ministerio.

Sin embargo, al ver que mis esfuerzos por servir a Dios en los lugares que yo pensaba eran los adecuados no habían sido fructíferos, empecé a desanimarme y deprimirme. No entendía por qué Dios no bendecía mis deseos de servirle. Estaba seguro que obtener un doctorado sería la clave para enseñar en muchos lugares y me costaba trabajo entender, aunque lo pensaba en silencio sin comunicarlo verbalmente a otros porque sabía que había cierto orgullo en mi corazón, que Dios desperdiciara lo mucho que podía aportar yo a su reino.

En este tiempo fue que leí *Cenando con Jesús* y me ayudó a recordar que mi relación con Dios era lo más importante. El Señor rey del universo no estaba esperando que terminara un doctorado para ahora sí expandir su reino en este mundo. Mi ministerio no era lo más importante sino mi relación con Dios. Al final del libro Jesús Adrián cuenta una historia que me impactó mucho y que Dios usó para ayudarme a ordenar mis prioridades:

> En una ocasión tuvimos un evento en San Salvador, con la asistencia de unas diez mil personas. Llegué al hotel muy satisfecho con todo lo que había sucedido, cuando el Señor habló a mi corazón y me hizo esta pregunta:
> --¿Estás dispuesto a dejar lo que estás haciendo por mí?
> Inmediatamente le respondí:
> ''Todo lo que hago, lo hago por ti Señor.
> --¿Estás dispuesto a dejar lo que estás haciendo por mí?, me preguntó otra vez.
> --Pero hay muchas personas que dependen de este ministerio. Ellos trabajan a tiempo completo, --le dije.
> Nuevamente habló a mi corazón y me hizo la misma pregunta. Entonces entendí la razón de la demanda. Dios estaba diciéndome: "Ten cuidado que lo que estás haciendo no se vuelva más importante que la relación que tienes conmigo".

> Dios no quería que la fuente de mi regocijo y realización se encontrara en lo que estaba haciendo, sino en la relación que tengo con Él. Entonces me arrodillé al lado de la cama y le dije: "Señor, si así lo deseas, ahora mismo renuncio al ministerio que me has dado, y regreso a hacer lo que hacía antes." Puedo decir con mucha seguridad que lo que hago ni siquiera se aproxima a lo importante que es para mí la intimidad con el Señor. Si tuviera que dejar lo que estoy haciendo, y la voluntad del Señor sería que me fuera a un rancho a cuidar chivas, lo haría con mucho gusto. Jesús quiere que nos deleitemos en Él, y no en los dones ministeriales que nos ha dado.[167]

Unos meses después de comprender que mi relación con Dios era lo más importante cuando me encontraba en un valle al terminar mi doctorado, pero sin un trabajo como el que había anticipado, Dios abrió una puerta que no esperaba y me convertí en el primer profesor mexicano del *Southwestern Baptist Theological Seminary* en Fort Worth, Texas. Después de enseñar ahí por más de siete años Dios abrió inesperadamente otra puerta y me convertí en el primer profesor mexicano en la historia de la *Talbot School of Theology* de la Universidad Biola en La Mirada, California. Llevo varios años enseñando en este lugar y he estado aprendiendo a descansar en la dirección de Dios y disfrutar de su presencia en lugar de preocuparme por mi lugar de servicio o ministerio. De hecho, mi identidad y satisfacción no se encuentra en mis estudios o posición académica. El prestigio de la institución en la que trabajo o el título de "doctor" son irrelevantes a mi posición como hijo de Dios.

Nuestro Dios nos invita a disfrutar de su presencia. La vida y el ministerio cristiano tienen como fundamento nuestra relación con el Dios trino. Nuestra enseñanza debe fluir de una vida en colaboración íntima con el Padre, el hijo y el Espíritu Santo. La posición y contexto de nuestro servicio son totalmente secundarios a nuestra relación con Dios. Nuestra identidad en Cristo y la presencia del Espíritu Santo en nuestras vidas es la base fundamental de nuestro ministerio y enseñanza.

Jesús nos invita a disfrutar de una relación personal y comunitaria con él. La enseñanza con la unción del Espíritu Santo es una invitación profética a sentarnos a la mesa para cenar con Jesús. La invitación es abierta y todos son bienvenidos. Dios nos ama y nos busca con las manos abiertas para que corramos hacia él y encontremos paz.

Sin embargo, es importante reconocer y comunicar que para disfrutar de esta relación con Jesús es imperativo que tengamos un corazón humilde y sencillo que reconozca nuestra necesidad constante de la

[167] Ibid., 173

presencia de Dios en nuestras vidas. El orgullo que comúnmente acompaña a los que piensan que por su actividad religiosa los hace invitados especiales a la mesa es en realidad un impedimento para ocupar un lugar entre los invitados de Cristo.

En Mateo 22:1-14, Jesús comparó el reino de los cielos con un banquete de bodas. Nuevamente se enfatiza la imagen de un banquete o cena especial para describir la relación que Jesús desea tener con sus seguidores. En esta historia Jesús les recuerda a los líderes religiosos de su tiempo que la invitación de Dios es para todos sin excepción y que es imprescindible estar vestido con humildad para entrar a la celebración. De hecho, aquellos que piensan que merecen estar ahí o minimizan la invitación no tendrán un lugar en la mesa.

> Respondiendo Jesús, les volvió a hablar en parábolas, diciendo:
> El reino de los cielos es semejante a un rey que hizo fiesta de bodas a su hijo;
> y envió a sus siervos a llamar a los convidados a las bodas; mas éstos no quisieron venir.
> Volvió a enviar otros siervos, diciendo: Decid a los convidados: He aquí, he preparado mi comida; mis toros y animales engordados han sido muertos, y todo está dispuesto; venid a las bodas.
> Mas ellos, sin hacer caso, se fueron, uno a su labranza, y otro a sus negocios;
> y otros, tomando a los siervos, los afrentaron y los mataron.
> Al oírlo el rey, se enojó; y enviando sus ejércitos, destruyó a aquellos homicidas, y quemó su ciudad.
> Entonces dijo a sus siervos: Las bodas a la verdad están preparadas; mas los que fueron convidados no eran dignos.
> Id, pues, a las salidas de los caminos, y llamad a las bodas a cuantos halléis.
> Y saliendo los siervos por los caminos, juntaron a todos los que hallaron, juntamente malos y buenos; y las bodas fueron llenas de convidados.
> Y entró el rey para ver a los convidados, y vio allí a un hombre que no estaba vestido de boda.
> Y le dijo: Amigo, ¿cómo entraste aquí, sin estar vestido de boda? Mas él enmudeció.
> Entonces el rey dijo a los que servían: Atadle de pies y manos, y echadle en las tinieblas de afuera; allí será el lloro y el crujir de dientes.
> Porque muchos son llamados, y pocos escogidos.

Nuestra vida espiritual está basada en una relación íntima con el Dios trino. El Padre desea que todos disfruten de esta comunión espiritual (2 Pd. 3:9). Jesús nos invita a ser parte de un banquete exclusivo nunca termina. La invitación se extiende a todos, pero es imprescindible estar vestido adecuadamente con humildad para entrar a la celebración. Los educadores cristianos somos mensajeros que anuncian la oportunidad abierta de asistir banquete celestial. La enseñanza con la unción del Espíritu Santo proclama que la invitación sigue disponible para todos. El mismo Espíritu Santo nos recuerda que somos hijos de Dios e invitados especiales a la mesa (Rom. 8:16). ¡Qué placer y qué privilegio es disfrutar de la presencia de Dios e invitar a otros a que hagan lo mismo!

La importancia del cuidado personal

Debido a que nuestro ministerio a los demás fluye de nuestra vida espiritual, es de suma importancia que tengamos cuidado de nosotros mismos. Lo que somos es más importante que lo que hacemos porque lo que hacemos es el resultado de lo que somos. Desgraciadamente, la cultura a nuestro alrededor valora el estar siempre ocupados trabajando por lo que con demasiada frecuencia descuidamos nuestro cuidado personal. Los ministerios cristianos y las instituciones educativas son lugares en los que esta actitud de activismo y trabajo sin límites son promovidos y recompensados. En todos los años que tengo enseñando en diferentes contextos educativos nunca he escuchado que se le anime a los profesores y alumnos a descansar y a reducir su ritmo de trabajo. Por el contrario, estar siempre ocupado es considerado un síntoma de dedicación y esmero. En medio de estas circunstancias, la mayoría trabaja y sirve con la esperanza de sobrevivir, pero no de vivir a plenitud la vida de abundancia que Jesús promete a sus seguidores (Jn. 10:10).

Así que, es de vital importancia que consideremos el descanso y nuestro cuidado personal como un elemento esencial de nuestra vida espiritual y de nuestro ministerio de enseñanza. No podemos amar a otros sino nos amamos a nosotros mismos y no podemos enseñar lo que no somos. El trabajo y el ministerio nunca terminan y nuestro llamado es anunciar el mensaje liberador de Dios y denunciar todo lo que va en contra de Dios y los demás. Pero solamente podemos cumplir nuestro llamado cuando dejamos que sea el Espíritu Santo el que obre a través de nosotros.

La vida cristiana no está basada en nuestros esfuerzos o dedicación. De hecho, en nuestras fuerzas lo mejor que podemos hace es pecar. La vida cristiana solamente se da cuando el Espíritu Santo toma el control de nuestras vidas y aprendemos a caminar con bajo su guía (Gal. 516). Una vida controlada y dirigida por el Espíritu Santo produce el fruto del Espíritu: amor, gozo, paz, paciencia, benignidad, bondad, fe, mansedumbre, templanza (Gal. 5:22-23). De esta manera, la vida abundante y el ministerio eficaz no se basan en lo que hacemos sino en lo que el Espíritu Santo hace a través de nosotros. Esta realidad nos libera de la adicción al trabajo que considera que el cambio se da por nuestros propios esfuerzos y olvida el poder transformador del Espíritu Santo.

Dios es el que produce en nosotros el querer como el hacer por su propia voluntad (Fil. 2.13). Los líderes y educadores cristianos somos invitados especiales a la mesa con Jesús y a colaborar con el Espíritu Santo. Nosotros solamente somos instrumentos que Dios usa por su gracia. Hace tiempo escribí unas reflexiones sobre lo maravilloso que es ser convidado a colaborar con el Espíritu Santo a pesar de que Dios no necesita de nuestra ayuda para cumplir sus propósitos en este mundo. Esas reflexiones sirven como conclusión a este capítulo y como un llamado a descansar y disfrutar el privilegio de servir a Dios bajo la unción y el poder del Espíritu Santo.

Lecciones de un "estorbante"[168]

Me encanta la primavera, pero en esta temporada tengo que hacer lo que tanto lamento y pienso es una maldición que viene unida a la hermosura primaveral. Junto con las flores, árboles e incluso el césped, la hierba mala hace su aparición en mi jardín cada año a pesar de que nunca es bienvenida en mi casa. Me gusta mucho ver crecer las flores, los árboles y escuchar el sonido de los pájaros que visitan nuestro vecindario. Si bien pienso que cortar el césped es un mal necesario que tengo que hacer, realmente sería un poco más atractivo hacerlo si no tuviera que cortar también la hierba mala que piensa que está en competencia con el césped para ver quién crece más.

En una ocasión, mi hijo Darío me enseñó, sin saberlo o proponérselo, una gran lección acerca de mi vida espiritual, mi relación con el Señor y mi ministerio. Darío tenía dos años y cinco meses y él creía que ya tenía la edad suficiente para ser independiente y contribuir en gran manera con las tareas del hogar. Por supuesto que esa avanzada edad y desarrollo no le impedían también de buscar el cariño de sus papás y refugiarse en los brazos de su mamá.

Darío, como todos los niños, desea estar con sus papás y ayudarlos en sus distintas actividades. Así que, en esa ocasión cuando ya no me quedó más remedio que ir a cortar la mala hierba del jardín, Darío me acompañó y le dijo a su mamá que me iba a ayudar. Tuve que explicarle a Darío qué era una hierba mala y al cabo de unos minutos más o menos

[168] Esta conclusión es una adaptación de un artículo publicado en el *Good Book Blog*, el blog de los profesores de la Escuela de Teología Talbot. https://www.biola.edu/blogs/good-book-blog/2015/lecciones-de-un-estorbante

pudo identificarlas. Sin embargo, intentar que un niño de dos años se concentre en una sola actividad por varios minutos es imposible. Constantemente tenía que supervisar que no hiciera algo malo, se lastimara o simplemente tenía que dejar a un lado lo que estaba haciendo para ir a jugar con él.

Después de más de una hora de estar en el jardín con Darío entramos a la casa y él orgulloso le dijo a su mamá que me había ayudado mucho y que habíamos quitado toda la hierba mala. En su propia opinión, Darío era ya todo un jardinero profesional y yo debería estar muy agradecido de haber recibido su ayuda. La satisfacción en su rostro no dejaba ninguna duda de esta realidad y yo obviamente le agradecí tanto haber contado con él en esta tarea tan difícil.

La realidad, sin embargo, es que no terminamos de cortar ni la mitad de la hierba mala del jardín. Si yo lo hubiera hecho solo y mi enfoque se hubiera centrado en la hierba mala, estoy seguro habría terminado la tarea en la mitad del tiempo. Pero el estar con mi hijo fue mi prioridad y la hierba mala era sólo una excusa para que ambos nos divirtiéramos juntos en el jardín. Siendo sinceros, mi hijo fue más mi "estorbante" que mi "ayudante". Pude haber hecho todo yo solo y lo hubiera hecho más rápido y sin interrupciones. La sonrisa de mi hijo me confirmó que no haberlo hecho de esta manera, fue la mejor decisión que pude haber tomado.

De la misma manera, el Soberano Dios del universo no me necesita para nada. A pesar del valor que le doy a mi ministerio como profesor de un seminario y a las distintas actividades que hago dentro y fuera del país, la realidad es que Dios puede cumplir sus propósitos conmigo o sin mí. De hecho, la mayoría de las veces lo hace a pesar de mí. Aunque piense que mi educación y servicio son muy importantes, en la práctica soy más un "estorbante" de Dios que su "ayudante".

Jesús prometió que Él, y sólo Él, edificaría Su iglesia (Mateo 16: 18). Lo asombroso del ministerio cristiano es tener el sublime privilegio de cooperar con el Dios todopoderoso a través del Espíritu Santo para que su voluntad se haga en la tierra, así como se hace en el cielo. Dios no nos necesita, pero desea estar con nosotros y nos da la oportunidad de ayudarle en su obra. La enseñanza con la unción del Espíritu Santo reconoce que nosotros solamente somos instrumentos útiles en las manos de Dios. ¡Solamente la gracia divina puede explicar tan gran honor!

Dios desea estar con nosotros porque somos sus hijos. Nuestra relación con Dios es esencial para todo lo que somos y hacemos. Nuestra comunión con Dios es más importante que nuestro trabajo para Dios. Sí, es cierto que tenemos que trabajar, pero Dios es que produce en nosotros el querer como el hacer por su buena voluntad.

El tiempo que paso jugando con mis hijos Darío y Salma no se compara a ninguna clase que enseñe o libro que escriba; es muchísimo mejor. Estar con ellos es más importante que la actividad que hagamos. De la misma manera, Dios no ama y nos invita a colaborar con el Espíritu Santo. ¿Acepta usted esta invitación?

Conclusión

Óscar Merlo
Director del Centro para el Estudio, Trabajo y Ministerio del Espíritu Santo
Talbot School of Theology de Biola University

"¿De qué te sirve tu educación?, de nada", contesto el taxista en Cuba. ¡Mi respuesta fue la clásica frase "qué interesante!" la cual utilizamos cuando no sabemos qué decir. Llegamos hasta el corazón de la encantadora Habana y al siguiente día desde el lobby del clásico Hotel Sevilla me encuentro reflexionado sobre este tema de la "Enseñanza con Unción (EU)". En este contexto no podemos ignorar que el efecto de la educación en Cuba como en las Américas, especialmente en los Estados Unidos ha tenido grandes avances en áreas de las ciencias, el mercado industrial, la religión, y la tecnología entre otras. Por vía de la educación, el conocimiento en casi todos los campos científicos y académicos se ha multiplicado a pasos agigantados. Según David Russell Schilling "al final de la Segunda Guerra Mundial, el conocimiento se duplicaba cada 25 años."[169] Hoy día, de acuerdo con el reporte de "Industry Tap" el conocimiento crece exponencialmente. Por ejemplo, en la industria científica de la nanotecnología se duplica cada dos años y en el clínico médico cada 18 meses. El reporte también indica que en promedio "el conocimiento humano se duplica cada 13 meses, y según IBM, el "Internet" condujo a la duplicación del conocimiento cada 12 horas."[170]

Geopolíticamente, la educación es imprescindible para el crecimiento personal, social, cultural y financiero de nuestras comunidades. Por ejemplo, el taxista que me transportó en Cuba era un experto en la disciplina de cálculos matemáticos, pero se gana la vida como chofer porque en este servicio goza de un mejor salario. La acción de crecimiento de la educación en el caso del taxista es meramente cognoscitiva. La educación le concede un valor humano añadido. Sin embargo, la educación es más que el incremento del valor humano y mucho más que la obtención de una equidad educativa. En el caso del taxista su educación secular no le es útil para tener un trabajo en el

[169] Gallivan, Michael J, Jim Eynon, and Arun Rai. 2003. *"The Challenge of Knowledge Management Systems."* Information Technology & People 16 (3): 326–52. doi:10.1108/09593840310489412.
[170] Schilling, Russell David. 2013. *Knowledge Doubling Every 12 Months, Soon to be Every 12 Hours. Industry* Tap.

campo de su disciplina y no le brinda avenidas para la transformación holística personal o social. La experiencia de este hombre es la de muchísimos latinos quienes en nuestra América experimentan el incremento educativo, pero siguen siendo atrapados por circunstancias sociales y estructurales muy particulares y complejas ¿Será que a la educación y en particular, a la enseñanza, le hace falta algún componente que produzca otro tipo de cambios en los individuos y sociedades? Según la propuesta de este libro, para que la educación y la enseñanza produzca efectos transformadores en los seres humanos debe ser primeramente "Ungida por el Espíritu Santo".

La tesis de este libro es la presentación de una metodología práctica repensada desde el Espíritu Santo para que la enseñanza ejercida por los profesores cristianos en cualquier disciplina sea mucho más efectiva en su tarea de promover la transformación personal y social. Me refiero a que la unión de la frase "unción del Espíritu Santo" con la disciplina del pedagogo y su metodología se funden trinitariamente para tener *efectos transformadores personales y sociales.* Estos efectos transformadores que tiene la EU primero son experimentados internamente y después reflejados externamente. Este libro las llama las cinco virtudes de la EU; "verdad, fe, esperanza, amor y gozo". Estas virtudes son producidas por medio de la EU en los estudiantes los cuales primero deben ser notorios en la vida del profesor. Además, tienen un efecto profético que denuncia las injusticias del mundo, promueven la esperanza y dan pie a la justicia. Sigamos examinando estas propuestas que los autores nos hacen sobre la "enseñanza con unción".

Primero, la EU produce tres efectos concretos en el ser humano "liberación, celebración y sustento". La EU ejercitada por los docentes, es liberadora. La EU contribuye en desprender el poder cognoscitivo en un individuo y lo libera asimismo para que su valor humano crezca en el banco del conocimiento personal. La EU es transformadora y su efecto debe ser holístico. Es decir, la EU debe afectar y sustentar la vida interna, externa y social de un individuo. Por ende, la enseñanza, y en específico aquella que es ejercitada por educadores cristianos ungidos con el poder del Espíritu Santo (Hechos 1:2), fomentan la transformación holística. Por transformación holística personal y social me refiero a la transformación personal del maestro y a la del estudiante que juntos son transformados para avanzar y celebrar el bien común en nuestras sociedades.

¿Está la educación secular y la enseñanza cristiana liberando, avanzando y celebrando holísticamente el bien común humano? ¡En mi análisis contextual muy poco holísticamente pero sí cognoscitivamente! Pues la tarea de la educación secular busca como objetivo otros tipos de liberaciones de pensamiento a través de su enseñanza las cuales son diferentes a las liberaciones y avances de pensamiento que promueve la agenda liberadora de la educación cristiana ungida con el Espíritu Santo. La agenda epistemológica de ambas enseñanzas (secular/cristiana) son totalmente diferentes. Aquí, surgen otras preguntas, ¿Podrían los educadores cristianos ser más efectivos en las tareas del ejercicio de la docencia para fomentar la liberación de personas y sistemas sociales? ¿Será que integrando al Espíritu Santo podremos experimentar un más alto grado de liberación y transformación personal y social a través de nuestra enseñanza? ¿De qué carece la educación y enseñanza cristiana para ser mayormente efectiva en las tareas de la transformación personal y social? En otras palabras, para seguir cumpliendo con la labor transformadora y liberadora del reino de Dios, es urgente la reintegración de nuestra metodología de enseñanzas con el Espíritu Santo. Y necesitamos la integración del Espíritu con nuestra ortodoxia y ortopraxis de nuestra pedagogía académica.

En este libro el maestro es invitado a considerar al Espíritu Santo como el Señor de la docencia. En efecto, la enseñanza dada por un cristiano que invita al Espíritu Santo a ser parte de su metodología pedagógica invita a la Trinidad (Padre, Hijo y Espíritu Santo) como la fuente que ilumina, auxilia, y transforma las disciplinas e individuos. Este libro provee dirección y guía teológica-practica para estas diversas preguntas que surgen en los diversos campos de la educación con referencia a la integración del Espíritu Santo a nuestras diversas disciplinas. Aunque su énfasis es la educación cristiana también puede ser muy útil para cualquier educador.

El Espíritu Santo debe ser el "profesor distinguido" de nuestras aulas y nosotros sus colaboradores. El Espíritu Santo es el impartidor del conocimiento de la disciplina (ortodoxia), y el que entrelaza las vidas del estudiante y profesor (ortopraxis). El Espíritu Santo da un sentido fresco para la aplicación de lo que se está aprendiendo (Cp. 2.pg 1). Por ende, esta combinacion de Espíritu y conocimientos, Espíritu y vidas y Espíritu y aplicaciones es una Pneumatología-Práctica-Metodológica orientada por el Espíritu la cual informa y sostiene un nuevo sistema ecológico educativo propuesto en este libro como "la enseñanza con unción" (*The Anoiting Teaching*).

Por lo tanto, considero este libro de los distinguidos académicos Robert W. Pazmiño y Octavio J. Esqueda fundamental en la preparación de los educadores que buscan tener un marco Pneumatológico-Práctico-Pedagógico para entender lo que significa el desarrollo de una educación en el Espíritu de Cristo (Enseñanza ungida con el Espíritu Santo). Tal como fue demostrada por nuestro Señor Jesucristo en sus enseñanzas en Galilea, Samaria, Jerusalén y hasta más allá.

Segundo, la enseñanza con unción integra el "yo/experto" del profesor con la vida producida por el verdadero especialista, el Espíritu Santo. El Espíritu Santo es el dador del conocimiento, la sabiduría y la vida. Como educadores debemos transitar del "yo-experto" a ser facilitadores del conocimiento producido por el Espíritu de vida en nuestras aulas. Esta función pedagógica que depende del Espíritu de vida es transformadora y debemos ejercitarla desde una postura de humildad, sin perder el rigor académico. Esto lo vemos en la vida de nuestro maestro Jesucristo, en los Profetas, Débora, Daniel, Josué, Priscilla, Pablo entre otros.

Jesucristo fue ungido por el Espíritu Santo de vida y es el único que puede ungir nuestra docencia con vida (Mat 3:11). Él nos enseñó a practicar la humildad en la docencia y a reconocer que no lo sabemos todo y que no somos los expertos en nuestras disciplinas, sino que lo es El Espíritu Santo (Mat 11:29). Este reto, transforma la estructura tradicional de ser expertos---a ser humildes colaboradores en el ejercicio de la docencia y convirtiéndose en una docencia que produzca vida. Ser humildes es una característica indispensable dada por el Espíritu Santo. Ser humilde, en el ejercicio de la enseñanza es fundamental hoy día para los eruditos y académicos que están siendo formados en todas partes del mundo. Como también para cualquier profesor en una universidad, seminario, instituto bíblico o escuela dominical.

Tercero, la enseñanza con unción comparte la paz y reconciliación de Cristo como el pan que se sirve en la mesa de comunión con otros. Cuando la enseñanza cristiana tiene por meta transmitir paz y reconciliación se convierte en una servidora de la comunidad como lo indica Pazmiño en la segunda parte de este trabajo. Aquí, cabe hacernos estas preguntas ¿qué alimentos está sirviendo la enseñanza cristiana en la formación de las mentes en nuestros seminaristas y universitarios? ¿Cuál es el pan que se está dando y experimentando; ¿pura academia o hay algo espiritual que al digerirse produce transformación personal y social? El pan que ofrece la EU debe producir una transformación holística personal y social (interna y externa). Por transformación holística interna-externa me refiero a una que fomenta cambios personales y sociales.

En primer lugar, la EU fomenta la transformación social interna personal. Peter Kaufman define la transformación social personal como una negociación interpersonal adquirida por un individuo y validada por otros para que sea considerada verdaderamente transformadora.[171] En otras palabras el Espíritu Santo a través de la EU está transformando la vida de muchas personas como en estos ejemplos: Los miembros de comités del control comunista en Cuba, que se convierten en seguidores de Cristo en las iglesias subterráneas, son un ejemplo de transformación social personal. Ex-Contras y sandinistas en Nicaragua que se convierten en pastores en Los Ángeles California. O los paramilitares en las cárceles de máxima seguridad de Colombia, recibiendo y ministrando el amor de Jesús a los ex miembros de las FARC. O, el ex-mara Salvatrucha, que ahora es un Pastor tatuado que en el Salvador está enseñando el evangelio dentro de las cárceles más peligrosas del mundo.

De esta manera, la transformación social personal está ocurriendo. Las personas están alterando su identidad social y esta transformación está siendo validada por el "otro inmediato". La transformación validada está fomentando nuevas comunidades en espacios que son socialmente incómodos. Estas nuevas comunidades son "Comunidades del Espíritu", como lo han llamado Leonardo Boff en Brasil y el teólogo Oscar García Johnson en el sur de California. Estas nuevas comunidades son producidas por medio de la enseñanza con unción. Así como en Lucas 6:18: la EU está causando transformación social personal.

En segundo lugar, la transformación social fomentada por la EU también tiene un efecto social. A través de la EU se están produciendo cambios en la conciencia colectiva de la sociedad (local, estatal, nacional o global). En estos espacios públicos sociales, la EU está redefiniendo la realidad por un proceso de consenso colectivo de ciertas comunidades evangélicas. Por lo tanto, podríamos afirmar que la EU ejercitada en el poder del Espíritu Santo está refinando la conciencia de la sociedad en algunas partes de nuestra América. Las ciudades que se han reinventado a sí mismas sirven como ejemplo de transformaciones de tipo social colectivo que dan como resultado poblaciones revitalizadas, prosperidad económica y restablecimiento del orgullo cívico.

Dos ejemplos de transformación social colectiva se dieron en Medellín, Colombia desde 1994, después de que terminaran las Guerras del Cartel de Pablo Escoba y en el desarrollo de la revitalización económica de El Salvador. Para los arquitectos sociales, la educación juega siempre un gran papel en estas transformaciones. Lo que los arquitectos sociales a menudo olvidan es que la transformación social en estas ciudades está precedida por la transformación social personal de individuos. La transformación social personal de individuos y sociedad

---

[171] Kaufman, Peter. *Sociological Quarterly*. Vol. 44, no. 3, pp. 481-504, summer 2003.

en esta discusión es el trabajo del Espíritu Santo en la vida y sociedad de las personas producida vía la EU. Cuando las personas se transforman personalmente (internamente) por el poder del Espíritu Santo, se produce una transformación social comunitaria. Como tal, son el caso de Medellín y El Salvador. De esta forma, la EU no solo es liberadora, pero transformadora… transforma el alma, da el pan de paz y reconciliación, y transforma socialmente.

Finalmente, en tercer lugar, es imprescindible que las disciplinas de la educación sean repensadas desde una perspectiva Pneumatológica-Práctica. Los educadores nos peguntamos, ¿cómo puede la educación y la pedagogía refrescarse o revalorarse para ser más práctica y efectiva? La respuesta dada por este escrito es que debe integrarse al Espíritu Santo. Nuestras clases y nuestras disciplinas deben abrirse al Espíritu Santo. A medida que el pedagogo reintegra la persona del Espíritu Santo en su aula y lo integra con el rigor académico, experimentara una frescura en su enseñanza que es personal y socialmente transformadora. Hacer esto en humildad, es abrir nuestras vidas al viento fresco del Espíritu de Cristo. Abrirnos al Espíritu infunde con frescura nuestras metodologías de enseñanza y enciende el corazón para cumplir a través de nuestras disciplinas el mandato divino y cultural del reino de Dios.

Robert W. Pazmiño y Octavio J. Esqueda nos han provocado a (re) pensar la disciplina de la enseñanza cristiana desde una ecología educativa Pneumatológica-Práctica. Ambos autores nos invitan como educadores a buscar una cercanía íntima con la persona del Espíritu Santo. El cuál es el único que produce los cambios (personales y sociales) que van más allá de la formación mental. Sin la vida transformadora del Espíritu, sin "la unción del Espíritu de Cristo en la docencia" seremos primeramente educadores secos, que producen adquisición cognoscitiva, pero poca transformación personal y social. Que nuestra enseñanza sea ungida con el poder del Espíritu Santo y que transforme nuestras vidas y nuestro servicio académico.

El Centro Para el Estudio de la Obra y el Ministerio del Espíritu Santo Hoy. Es un recurso para estudiantes y académicos que buscan una mayor comprensión y experiencia del trabajo continuo del Espíritu Santo. El centro está ubicado en la Facultad de Teología Talbot de la Universidad Biola y tiene como objetivo producir recursos bíblicos que equipen a los cristianos para que sean transformados con el poder del Espíritu Santo por el bien del evangelio.

Actividades planificadas

Líder global en residencia

Cada año, el centro invitará a un líder cristiano influyente al campus para educar a la comunidad sobre el trabajo actual del Espíritu Santo en todo el mundo.

Capillas con enfoque en el Espíritu Santo

Cada mes, el centro ofrecerá "servicios" vespertinos, con oradores invitados que invitarán, enseñarán y guiarán a los estudiantes a buscar la renovación del Espíritu.

Becas de investigación

Cada semestre, el financiamiento del centro permitirá a dos profesores trabajar en colaboración en un proyecto de investigación académica centrada en el Espíritu.

Simposios académicos

Cada dos años, el centro patrocinará una conferencia académica con artículos publicados por el profesorado dedicado a la investigación.

Conferencia internacional de estudiantes sobre el poder del Espíritu

Cada dos años, el centro organizará una reunión de estudiantes de todo el mundo con el objetivo de promover el evangelio.

Trabajo colaborativo con los departamentos de Biola

Como parte de sus esfuerzos continuos, el centro se unirá y mejorará los esfuerzos existentes de los departamentos de toda la universidad.

Contacto:

Oscar Merlo, Director
Oscar.merlo@biola.edu
562-903-4745 x5518

52581849R00107

Made in the USA
Columbia, SC
06 March 2019